Münsterschwarzacher Kleinschriften

herausgegeben

von den Mönchen der Abtei Münsterschwarzach

Band 177

Mauritius Wilde

Inspiration für Kirche und Welt

Beiträge zum Symposium für
Anselm Grün

Vier-Türme-Verlag

Bibliographische Information der Deutschen Nationalbibliothek
Die Deutsche Nationalbibliothek verzeichnet diese Publikation in der Deutschen Nationabibliographie; detaillierte Informa-tionen sind im Internet über http://dnb.d-nb.de abrufbar.

CO_2-neutral produziert

1. Auflage 2010

Lektorat: Marlene Fritsch
Druck und Bindung: Benedict Press, Vier-Türme GmbH
Münsterschwarzach
ISBN 978-3-89680-577-5
ISSN 0171-6360

www.vier-tuerme-verlag.de

Inhalt

Vorwort

Mitte der 1970er-Jahre hat Anselm Grün zusammen mit seinen Mitbrüdern im Benediktinerkloster Münsterschwarzach einen entscheidenden Schritt getan. Er stieß neu auf die alten Quellen vor, aus denen sich das Mönchtum speist, und hat dadurch eine Tür geöffnet, die in moderner Weise die Tradition christlicher Spiritualität mit der Erfahrung des Menschen von heute und dem, was er zum Leben braucht, verbindet.

Anselm Grün ist in diesem Jahr 65 Jahre alt geworden. Um sein Leben und sein Werk zu feiern, fanden sich am 16. Januar 2010 in Münsterschwarzach zahlreiche Freunde und Weggefährten ein, Menschen aus Gesellschaft, Wirtschaft und Kirchen. Im Vorfeld hatten wir überlegt, womit wir Pater Anselm eine Freude machen könnten. Wir spürten, dass wir ihn am ehesten würdigen könnten, wenn wir selbst den Blick nach vorne richten würden: Welcher Schritt ist heute zu tun? Welche Tür gilt es jetzt aufzustoßen? Welche Themen und Methoden werden uns in Zukunft bewegen?

Die Krisen der Gesellschaft (Demografie, Klima, digitale Revolution) und der Kirchen (Glaubwürdigkeit, Mitgliederschwund) sind auch Folgen der Perspektivlosigkeit. Politiker wie führende Kirchenleute wissen schlicht oft nicht, wohin es eigentlich gehen soll, weil sich unsere Zeit so schnell verändert. Ein Ausblick über mehrere Jahre hin scheint kaum möglich. Und doch hungern die Menschen nach Perspektiven, die ihnen die Zukunft erschließen und das Leben lohnend erscheinen lassen. Wir brauchen die Sicherheit, und wir brauchen die Herausforderung.

»Wie ist die Zukunft von Gesellschaft, Kirche und Welt?« Mit dieser Frage hatte der Vier-Türme-Verlag also zu Pater Anselms Geburtstagssymposium nach Münsterschwarzach eingeladen. Sechs Menschen in Führungsverantwortung hatten wir gebeten, uns in kurzen Referaten an ihren Ausblicken teilhaben zu lassen. Entstanden sind sechs spannende Referate, die zu einer lebhaften Diskussion führten.

Zunächst gab der Münsterschwarzacher Novizenmeister *Pater Pascal Herold OSB* eine Einführung in den Begriff der »Inspiration«, das erste Referat hielt der Puma-Vorstandsvorsitzende *Jochen Zeitz*. Er wies als Topmanager eindringlich auf die ökologische Verantwortung von Wirtschaft und Gesellschaft hin.

Schulseelsorger *Pater Jonathan Düring OSB* plädierte für eine neue Klarheit im Umgang miteinander. Aus scheinbarer »Barmherzigkeit« ein Auge zuzudrücken ist eine Weise des Umgangs, die uns nicht zukunftsfähig machen kann. Das bedeutet: Nicht verdrängen, sondern wahrnehmen heißt die Devise, um nach vorne gehen zu können.

Die Casteller Ordensfrau *Schwester Ursula T. Buske CCR* zeigte aus persönlicher Erfahrung, dass Vernetzung und Kooperation unerlässliche Bausteine für die Zukunft von Kirche und Welt sind. Zukunft geht nur miteinander, nicht gegeneinander. Das gilt auch für die Kirchen.

Der Kapuzinerpater *Paulus Terwitte OFMCap* forderte dazu auf, als Kirche neue Wege der medialen Vermittlung zu gehen. Liebe will sich sehen lassen, auch auf »Facebook« und im Fernsehen. Wer sich nicht zeigt, kann auch nichts geben.

Der Verleger des Vier-Türme-Verlags, *Pater Mauritius Wilde OSB*, akzentuierte gerade den in die Krise geratenen christlichen Begriff der »Person« als Antwort auf die Beliebigkeit und Unverbindlichkeit der Gesellschaft. Person steht nicht nur für Persönlichkeit, sondern auch für Freiheit und Unverwechselbarkeit.

Schließlich zeigte der Künstler *Pater Meinrad Dufner OSB*, dass er die Kunst als Bild für das sieht, was in Zukunft geschaffen werden will: Gerade im Unfertigen und Unvollkommenen steckt nicht selten die größere Wirksamkeit. Mut zum Stückwerk!

So wollen wir auch diese Münsterschwarzacher Kleinschrift verstanden wissen. Die Zukunftsformel haben wir auf dem Symposium wohl kaum gefunden. Doch allein den Blick nach vorne zu richten war für alle Beteiligten sehr wohltuend und erfrischend. An dieser Erfrischung wollen wir Sie, liebe Leserin, lieber

Leser, teilhaben lassen. Wir möchten Sie mit diesem Büchlein anregen, selbst Prioritäten zu formulieren, darüber mit anderen ins Gespräch zu kommen und schließlich diese Prioritäten miteinander ins Werk zu setzen.

Die Texte der Referate, die hier wiedergegeben sind, sind in Form und Inhalt sehr unterschiedlich. Gerade darin aber können sie inspirierend sein. Sie sind auch nicht spannungsfrei. Als Klammer wählten wir die Liebe. Das macht vielleicht einen etwas pathetischen Eindruck, ist aber aus christlicher Perspektive ganz ernst gemeint. Wie kann das Reich Gottes, das ein Reich der Liebe, des Friedens und der Gerechtigkeit ist, noch mehr Wirklichkeit werden in unserer Welt? In diesem Sinn wünschen wir Ihnen eine inspirierende Lektüre!

P. Mauritius Wilde OSB

Pater Pascal Herold OSB

Geboren 1964, wuchs er in Rothmannsthal (Kreis Lichtenfels) auf. Nach seinem Abitur 1984 machte er eine Ausbildung zum Krankenpfleger. 1991 trat er in die Klostergemeinschaft der Benediktiner von Münsterschwarzach ein, 1994 legte er die ewigen Gelübde ab.

Nach seiner Priesterweihe 1999 ging er von Münsterschwarzach aus in die Mission nach Tansania (Ndanda), wo er bis 2002 den dortigen Pfarrer in der Pfarrseelsorge unterstützte und in der Klostergemeinschaft von Ndanda in die Noviziatsarbeit mit einbezogen war.

Von 2002 bis 2006 leitete Pascal Herold das Gästehaus der Abtei Münsterschwarzach. Seit Oktober 2006 ist er als Novizenmeister (Magister) für die Ausbildung der jungen Mönche in Münsterschwarzach tätig.

Inspirationen für Kirche, Gesellschaft und Welt

Jede und jeder von uns hat so seinen eigenen schöpferischen Zugang, sei es in der Berührung mit einer lebendig-organischen oder anorganischen Quelle. Das Wort »Inspiration« stammt aus der lateinischen Sprache und bedeutet in unserer Sprache »einhauchen«, »eingeben«. Davon leitet sich der Begriff »Eingebung« ab. Die Eingebung wiederum offenbart etwas von der dynamischen Kraft, die darin verborgen ist. Es ist dies die Schöpfer- oder Geisteskraft. Sie setzt in Bewegung, stößt an, drängt nach Ausdruck und setzt so den Geist frei, der am Wirken ist. »Wie dem Adler wird dir die Jugend neu!« (Psalm 103,5) – Dieses Wort lässt ahnen, wie jugendlich frisch, wach und lebendig, inspirativ-schöpferisch diese Kraft sein kann.

Inspirative Menschen sind auf ihre Weise kreativ arbeitende, bauende, schöpferische, schaffende Menschen. Sie bringen sich zum Wohl ihrer Mitmenschen ein und bewegen etwas. Sie bringen Gedanken ins Rollen, fordern heraus, fordern Beachtung, provozieren mitunter und müssen dies auch tun. Inspirative Menschen finden Beachtung und genießen dazu eine gewisse Wertschätzung, wenn sie ihre Mitmenschen erreichen. Von ihrem quirligen Dasein geht eine konstruktive Kraft aus, die das menschliche Leben ins Blickfeld nimmt und dadurch Zeitgeist, Lebensumstände und reale Verhältnisse menschlicher Existenz aufnimmt und würdigt.

Wir denken an große inspirative Menschen, deren Namen in Kunst, Musik, Literatur, Kultur, Architektur, Medizin und vielen anderen Bereichen zu finden sind, aber auch an inspirative Menschen, deren Namen uns vielleicht nicht geläufig sind, denen ihre Umwelt jedoch die eine oder andere Eingebung verdankt.

Die heilige Hildegard von Bingen prägte den lateinischen Terminus der »viriditas«, der »Grünkraft«. Sie bezeichnet damit eine Grundkraft, die der gesamten Natur, also Menschen, Tieren, Pflanzen und Mineralien innewohnen soll. Die in allem steckende Grundkraft ist nach Ansicht Hildegards die Grundlage von Heilung und schöpferischen Prozessen.

Vom heutigen Symposium mögen sehr weitreichende und nachhaltige Impulse ausgehen für Kirche, Gesellschaft und Welt:

- **Kirche:** Das Ansehen der Kirche in Deutschland, Europa und weltweit ist sehr unterschiedlich. Sie verliert vielerorts an Achtung.

- **Gesellschaft:** Wir sind eine internationale und plurale Gesellschaft.

- **Welt:** Die Welt ist global und vernetzt und sich doch fremd.

Wie sieht die Zukunft von Kirche, Gesellschaft und Welt aus? Dies ist eine sehr wuchtige und zugleich auch spekulative Frage, denn die Zukunft ist das Thema schlechthin. Ohne den Glauben an eine Zukunft ist die Gegenwart einer Kraft- und Sinnlosigkeit, einem »nur bloßem Dasein ohne Höhepunkte« verfallen und schöpft kaum vitale Kraft.

Wie die Zukunft aussehen wird, kann niemand sagen. Es gibt in der Welt und unter uns gewiss Propheten und Prophetinnen, die sehr nah dran sind am Zeitgeschehen und den Zukunftsgedanken.

Sechs »Zukunftssprechende«, »Zukunftsweisende« sollen hier zu Wort kommen und Gehör finden. Die »Zukunftssprechenden« sind heute fast alle in einem Alter, in dem sie noch viel vom Leben erwarten können, viel Zukunft vor sich haben. Der liebe Gott möge es schenken, dass von ihnen reichlich schöpferische Kraft ausgeht. Mit ihnen richtet sich nun unser Blick nach vorne. Gedanken, Impulse, Denkanstöße sind immer gut. Lassen wir uns davon inspirieren!

Jochen Zeitz

Geboren 1963, ist er heute deutscher Manager und Vorstandvorsitzender des Sportartikelherstellers Puma. Der diplomierte Wirtschaftswissenschaftler begann seine Laufbahn bei einem internationalen Kosmetikhersteller und wechselte 1990 zur Puma AG. Jochen Zeitz wohnt in London und spricht fünf Fremdsprachen, unter anderem Kisuaheli.

1993 wurde er zum Vorstandsvorsitzenden von Puma berufen. Er war mit 30 Jahren der jüngste Vorstandsvorsitzende eines börsennotierten deutschen Unternehmens. Neben anderen Auszeichnungen erhielt Zeitz dreimal die Auszeichnung »Stratege des Jahres« der Financial Times Deutschland.

Jochen Zeitz engagiert sich seit vielen Jahren für Afrika, einen Kontinent, mit dem er auch persönlich verbunden ist. In Kenia besitzt Jochen Zeitz eine Farm, zu der auch eine Grundschule für einheimische Kinder gehört. 2009 gründete er die private Zeitz-Stiftung, die mit Projekten für Umwelt- und Naturschutz, Gemeinschaft, Kultur und wirtschaftliches Handeln nachhaltige Entwicklung in Afrika fördert.

Nachhaltig – Warum es zu spät ist, ein Pessimist zu sein

Als ich neulich das Natural History Museum in London besuchte, hielt ich vor einem ausgestellten Dinosaurierskelett inne: Vor rund 150 Millionen Jahren sind diese Tiere ausgestorben. Was für eine Zeitspanne! Ich überlegte, was wohl in 150 Millionen Jahren die dann existierenden Lebewesen in unserem Universum über uns sagen werden. Was werden sie über uns denken – falls »denken« der geeignete Ausdruck ist für ihr dann sicher unendlich höher entwickeltes Bewusstsein.

Wird es Nachfahren von uns geben, die uns genetisch ähneln? Was könnten sie aus den Überresten unserer Existenz schließen? Werden sie fragen, wie viele Arten mit uns beziehungsweise wegen uns untergegangen sind? Erkennen sie den Menschen als Ursache allen Übels, weil er seine Welt zugrunde gerichtet hat? Oder als Lebewesen, das schließlich doch noch zur Besinnung kam und die Welt und die Schöpfung erhalten konnte?

Die Antwort auf diese Fragen hängt unter anderem davon ab, wie wir uns verhalten werden, wie sich unsere Generation in den kommenden Jahrzehnten verhalten wird. Und vor allem kommt es darauf an, ob unser Verhalten nachhaltig sein wird.

Im vergangenen Jahr präsentierten wir zusammen mit unserem Anteilseigner, dem französischen Konzern PPR, den beeindruckenden 90-minütigen Dokumentarfilm »Home« der Öffentlichkeit. Bis heute erreichten wir damit immerhin an die 150 Millionen Zuschauer weltweit. Darin förderte Produzent *Yann-Arthus Bertrand* alarmierende Erkenntnisse über unseren Planeten und seine Bewohner zutage, von denen ich einige kurz rekapitulieren möchte:

- 20 Prozent der Menschheit konsumieren 80 Prozent aller natürlichen Ressourcen.
- Die weltweiten Militärausgaben übersteigen die für globale Entwicklungshilfe inzwischen um das Zwölffache.
- Eine Milliarde Menschen hat keinen Zugang zu sauberem Trinkwasser.
- Täglich sterben 5000 Menschen an verseuchtem Wasser.
- Fast eine Milliarde Menschen hungern.
- Jedes Jahr verschwinden 13 Millionen Hektar Wald.

- Eine von acht Vogelarten, ein Viertel aller Säugetierarten und jede dritte Amphibienart ist vom Aussterben bedroht.

- Drei Viertel aller Fischbestände sind entweder erschöpft oder in einem gefährdeten Zustand.

- 2050 wird es nach Schätzungen der UNO weltweit mindestens 200 Millionen Klimaflüchtlinge geben.

Das alles sind Schätzungen, die künftige Beobachter – falls es sie geben wird – zu Recht fragen lassen wird: Warum haben die Menschen das nicht verhindert? Die Dinosaurier konnten den Klimawandel weder voraussehen noch verhindern. Doch wir kennen die meisten unserer Probleme, von denen ich nur einige eben aufgezählt habe. Und: Wir können sie lösen. Früher dachten Wissenschaftler, der gigantische Stegosaurus hätte mit zwei Gehirnen gedacht. Später entdeckten sie jedoch, dass das hintere, größere Hirn nur ein Nervenknoten war. Das einzige »echte« Hirn war das im Kopf – und gerade mal so groß wie eine Walnuss. Angesichts des Zustands unserer heutigen Welt müssen künftige Wissenschaftler, falls sie über so viel Humor verfügen, wohl davon ausgehen, dass der Mensch mit dem falschen Körperteil gedacht hat. Oder dass der Teil seines Hirns, den er nutzte, auch nicht viel größer war als eine Walnuss.

Jeder außenstehende Beobachter müsste sich die folgende Frage stellen: Weshalb kann der Mensch seinen exzessiven Konsum, der sogar seine Existenz bedroht, nicht stoppen? Eine Frage, die nur schwer zu beantworten ist.

Einen Versuch unternahm *Ed Hume* 1983 in seinem Spielfilm »The Day After – Der Tag danach«: Wie die Figuren im Film, die den drohenden Atomschlag in ihrer Realität ausblenden, bis es zu spät ist, ignorieren auch wir oft die Realität. Die meisten Menschen schauen dem Tod nicht gern ins Auge. Solange kein Unglück geschieht, vermeiden sie es tunlichst, über ihr Ende nachzudenken, sich mit Familie und Freunden auszusprechen, sich auf ihre religiösen Wurzeln zu besinnen oder ein Testament zu machen. Der Ökonom *John Stuart Mill* stellte fest, dass der Mensch Freude dem Schmerz jederzeit vorzieht. Und der Filmemacher *Woody Allen* formulierte trefflich: »Ich ziehe jede Beerdigung meiner eigenen vor.« Jeder hat seinen Grund, wenn er das Thema Endlichkeit vermeidet. Und doch besinnen sich viele derzeit gerade. Das zeigt der große Trend zur Nachhaltigkeit. Viele Menschen und davon auch Führungskräfte in Politik und Wirtschaft beginnen langsam zu erkennen: Was die Natur und unsere Flora und Fauna hervorbringt, das muss erhalten und erneuert werden. Nachhaltigkeit gilt als das neue Paradigma.

Dabei war und ist Nachhaltigkeit für viele Naturvölker selbstverständlich. Die Ureinwohner Kanadas etwa überlegten stets, wie ihre Entscheidungen die nächsten vier Generationen beeinflussen werden. Genauso sorgten sie sich im Voraus darum, wie sich ihr Tun auf die Umwelt auswirken würde. Für sie war Nachhaltigkeit kein alternativer Weg, sondern der natürliche. Denn alles Natürliche ist endlich. Und was stirbt, kehrt als Teil des künftigen Werdens zurück. Blätter knospen, wachsen, ändern die Farbe, fallen, reichern die Erde an, werden Teil des nächsten Wachstumszyklus. Nur der Mensch schafft Dinge, die diesen Kreislauf durchbrechen. Sie vergehen nicht im natürlichen Rhythmus, sondern verschmutzen Wasser, Luft und Erde. Die Erkenntnis, dass sich die Menschen außerhalb des natürlichen Prozesses bewegen, hat einige gesellschaftliche Strömungen beeinflusst: den ökologisch orientierten Konservativismus und Naturalismus, die Umweltschutzbewegung, den Nachhaltigkeitstrend. Ihre Anhänger nutzen das Wissen früherer Gesellschaften und Denker, die mahnten, dass alles auf unserem Planeten Erde irgendwie mit allem zusammenhängt.

Die Transzendentalisten *Ralph Wado Emmerson* und *Henry David Thoreau* beschrieben unermüdlich die natürliche Ordnung aller Dinge. *John Muir* stellte fest, dass jedes Detail der Natur mit dem Rest des Universums verbunden ist. Und zum 150. Todestag des Naturforschers *Alexander von Humboldt* am 6. Mai 2009 schrieb die »African Times«: »Als Wissenschaftler und Forscher war er der Erste der westlichen Zivilisation, der die Welt als Ganzes begriff. Er fand heraus, dass alles voneinander abhängt (...) und dass Ökologie und Nachhaltigkeit die Voraussetzungen sind für das Leben unserer modernen Gesellschaft.«

Vom südafrikanischen Staatsmann *Jan Christiaan Smuts* bis *James Lovelock* in England, haben viele die Bedeutung des holistischen Denkens betont. Das meint das Denken in großen Zusammenhängen, bis hin zu der Perspektive, die Erde als ein einziges Lebewesen, als einen großen Organismus anzusehen. In diesem Sinn ist Nachhaltigkeit der Versuch, die Weisheit wissenschaftlicher Vordenker und naturverbundener Lehrer zu nutzen und entsprechend zu leben. Ob im christlichen Glauben, in anderen Glaubensrichtungen oder einfach nur durch unsere Spiritualität – Nachhaltigkeit vereint uns alle.

Woher kommt nun der Gedanke der Nachhaltigkeit? Gewisse Nachhaltigkeitsaspekte beruhen auf tief verwurzelten ethischen und spirituellen Bindungen wie dem Glauben, der Erlösung, dem Karma, der Wahrheit und der Schönheit.

Eine spirituelle Bindung bezieht die Schönheit und Faszination von Landschaften und die Heiligkeit besonderer Orte mit ein, seien es archäologische, historische oder architektonische. Zudem wird das Empfindungsvermögen von nichtmenschlichen Arten für Zuwendung und Schutz als würdig erachtet. Eine spirituelle und metaphysische Auffassung darüber, was das Leben und unsere Seele antreibt, kann die Haltung eines Einzelnen oder einer Gruppe ganz wesentlich bestimmen. Ich frage mich also: Was würde geschehen, wenn Regierungen und multinationale Konzerne diesem Ansatz in aller nötigen Konsequenz folgten? In Deutschland könnten wir uns von einer »Sozialen Marktwirtschaft« hin zur »Nachhaltigen Marktwirtschaft« entwickeln. Viele Länder und Unternehmen würden aufhören, in einer »Black Box« zu agieren und stattdessen »grün« funktionieren.

Haben wir nicht unzählige Milliarden Euro investiert, um das Weltfinanzsystem zu retten? Wie viel mehr Gutes könnten wir tun, wenn wir dieselbe Summe in die Rettung unseres Planeten und die Erhaltung der Schöpfung investierten? Dass dabei alle gemeinsam vorgehen, ist wichtig und eine Voraussetzung. Keine einzelne Gruppe – sei es eine wirtschaftliche Elite, eine politische Partei oder ein wissenschaftlicher »Think Tank« – kennt alle Antworten.

Auch diejenigen mit traditionellen Kenntnissen und Erfahrungen – die Ältesten der Naturvölker, die Weisen, die Vertreter großer Religionen oder Veteranen der Umweltbewegung – konstatieren, dass es uns alle braucht, um den großen Wandel herbeizuführen. Sonst ergeht es uns wie den Dinosauriern – allerdings mit einem selbstverschuldeten Ende. Bei Puma haben wir zu diesem Zweck eine Vision entwickelt. In Würdigung dieser großartigen Naturvölker, Denker und Philosophen war es mir wichtig – nach den vielen Jahren, in denen wir fortwährend und oft erfolgreich versucht haben, die Grenzen unserer eigenen Branche neu zu stecken –, als Sportlifestyle-Unternehmen einen neuen »Puma-Stoff« zu entwickeln, einen Stoff, der uns als Menschen engmaschiger miteinander verbindet. Mit diesem Stoff erschufen wir eine neue Vision, die jeden Menschen, jedes Tier und unsere gesamte Erde im Sinne von *Immanuel Kant* als Zweck an sich betrachtet, als ein Wesen mit Achtungswürdigkeit und Würde, und nicht einfach nur als Mittel oder Trittstein. Wertschöpfung durch Wertschätzung würde man dieses Prinzip wohl heute nennen.

Mit dieser neuen Puma-Vision begannen wir also, unsere Unternehmenskultur umzugestalten, und erschufen drei Eckpfeiler: »puma.safe«, »puma.peace« und »puma.creative«. Das heißt, wir setzen uns als Unternehmen dafür ein, Kreativität zu fördern, im Rahmen unseres Nachhaltigkeitskonzeptes »S.A.F.E.« umwelt- und sozialverträglich zu handeln und zum Frieden beizutragen. Gemäß unserer Unternehmenswerte wollen wir das auf faire, ehrliche, positive und kreative Weise tun. Lassen Sie mich diese Schlagwörter mit Inhalten füllen: ***Fair*** bedeutet für uns ausgeglichen und immer beide Seiten betrachtend, ***ehrlich*** bedeutet aufrichtig, tun, was man sagt. ***Positiv*** bedeutet, Dinge und Menschen aufzubauen, und nicht, sie niederzumachen. ***Kreativ*** bedeutet schließlich, einfallsreich zu sein und das zu tun, was wir bei Puma versuchen: nämlich um die Ecke zu denken. Diese vier Schlüsselwörter wurden zu unserem moralischen Kompass, der uns hilft, unsere Handlungen zu leiten, zu bewerten und zu stärken. Unsere Puma-Vision ist unsere ganz eigene Methode, all unsere Projekte und Initiativen zu vereinen und ihnen eine zusammenhängende einheitliche Richtung zu geben. Wir haben dabei jeden Schritt unserer Produktion von der Materialbeschaffung bis zu den Sicherheitsbestimmungen für unsere Mitarbeiter überprüft, um sicherzustellen, dass menschliches Leben und die Natur bewahrt und gefördert werden. Wir haben begonnen, unsere Rohstofflieferanten in den Prozess einzugliedern, unsere Biobaumwollproduktion sowie Baumwollherstellung in Afrika zu erhöhen, Kunst und soziale gemeinnützige Projekte zu unterstützen, neue kreative Wege für Künstler, wie zum Beispiel das Creative Africa Network aufzubauen, oder gemeinsam mit unserem Hauptaktionär PPR die Produktion des eingangs erwähnten Dokumentarfilms »Home« über die Geschichte unserer Erde zu unterstützen. Der Film gipfelt in der Aussage, dass es zu spät ist, ein Pessimist zu sein. Letztendlich kommt der Film zu dem Schluss, dass es an uns allen liegt, das nächste Kapitel im Leben unseres großartigen Planeten Erde mitzuschreiben. Deshalb entschied ich mich, mit meiner Stiftung den Vertrieb von »Home« und das dazugehörige Bildungspaket, das wir geschnürt haben, zum Beispiel in 5000 Schulen in China zu unterstützen, um der nächsten Generation etwas Nachhaltiges an die Hand zu geben.

Dies alles entstand aus einer Vision einer besseren Welt – eine Welt, die sicherer, friedlicher und kreativer werden soll – und aus einem Engagement heraus, als Unternehmen das zu tun, was wir tun können, um uns für diese bessere Welt einzusetzen, wohl wissend, dass das alles in Anbetracht der vor uns liegenden Herausforderungen und Möglichkeiten als Unternehmen bis dato nur ein kleiner Anfang ist, den es gilt zügig und umweltneutral auszubauen.

Eine Quelle der Inspiration war für mich in diesem Zusammenhang der knapp einwöchige Aufenthalt hier bei Ihnen in der Abtei Münsterschwarzach. Auf Einladung und Anregung von Ihnen, lieber Pater Anselm, konnte ich als sogenannter Mönch auf Zeit in eine Welt eintauchen, die ich von meinem Berufsalltag her nicht kannte. Und ich lernte bei Ihnen ein Klosterleben kennen, das unseren Puma-Werten sehr ähnlich ist – natürlich mit dem Unterschied, dass Sie mit Ihren gelebten Ordenswerten etliche Jahrhunderte, ja weit über ein Jahrtausend Erfahrungsvorsprung besitzen. Ein enormer Wettbewerbsvorteil, wie ich zugeben muss.

Klosterleben, so wie ich es bei Ihnen kennengelernt habe, das heißt vor allem, an einer Gemeinschaft teilzuhaben, die ihre Ideale an Gott ausrichtet, Toleranz und Offenheit in alle Glaubensrichtungen lebt und von einem spürbaren Miteinander und Füreinander getragen wird. Tief beeindruckt haben mich die Ausstrahlung und die Herzlichkeit Ihrer Mitbrüder, geleitet von Abt Michael. Die Teilnahme an Ihrem Tagesrhythmus von »ora et labora« hat mich in die Lage versetzt, für einen gewissen Zeitraum Abstand zu meinem eigenen Tun zu finden und neben den existenziellen Fragen des Lebens nicht nur über den eigenen, sondern auch über den moralischen Kompass für das Unternehmen und damit auch unsere Vision reflektieren zu können.

Beeindruckend war für mich während meines Aufenthaltes bei Ihnen auch zu sehen, wie das »Unternehmen Kloster« seine wirtschaftliche Unabhängigkeit sichert und das gleichzeitig mit dem Konzept der Nachhaltigkeit verbindet. CO_2-Neutralität – dieses Ziel vieler Unternehmen ist in Münsterschwarzach dank eigener Energieversorgung und dem Einsatz erneuerbarer Energien heute schon fast Realität, gewiss eine Tatsache, an der Sie in Ihrer Funktion als Cellerar, Pater Anselm, einen nicht unerheblichen Anteil haben.

Meiner Ansicht nach ist es genau diese nachhaltige Perspektive, die wir brauchen, um die Erde in ihr ursprüngliches, ökologisches Gleichgewicht zu bringen. Wenn wir die Welt von einer höheren Warte aus begreifen, sehen wir Kooperation statt Wettbewerb, Gemeinschaft statt reinem nationalen oder regionalen Denken, nachhaltige Entwicklung statt verschwenderische Projekte. Dieser grenzenlose Ansatz spricht dafür, gemeinsam etwas zu bewegen, statt an verschiedenen Stellen den Niedergang des Planeten zu betrauern und Pessimist zu sein.

Daher müssen wir den erforderlichen Schritt von der sozialen Verantwortung als Unternehmen hin zur globalen unternehmerischen Verantwortung konsequent gehen. Es sind jedoch nicht nur die Unternehmen, die einen Schritt weitergehen müssen, sondern wir alle als gesamte Gesellschaft. Deshalb könnte man auch einfach von unser aller globalen Verantwortung sprechen. Diese umfasst weltweite Nachhaltigkeit und die Ernährung und Erhaltung aller Spezies, einschließlich der unseren.

Meiner Auffassung nach müssen wir auch unseren Fokus von den vom Aussterben bedrohten Arten hin auf die Spezies verlegen, die diese Arten gefährdet: Die einzige Spezies, die in der Lage ist, sich selbst zu zerstören, und die einzige mit der Fähigkeit zur Vernichtung allen Lebens.

Meine These ist daher, dass die Erde intelligent ist und erkennt, dass es unter den Millionen von Wesen, die auf diesem Planeten gelebt haben und heute leben, nur eine problematische Spezies gibt. Nur diese eine muss ihre Richtung ändern, und nur diese eine verfügt über alle Werkzeuge, Technologien, Stoffe und inneren Ressourcen, um alle anderen zu schützen. Das Ausschöpfen und die Nachhaltigkeit unserer eigenen natürlichen Ressourcen wie Weisheit, Liebe, Passion und der menschliche Geist bilden also die nächste Grenze, die es zu überschreiten gilt – und es ist dieses ein Bestreben, das all unsere äußeren Bemühungen mit innerer Energie verstärken wird.

Wir alle wissen das intuitiv, während wir zusammen daran arbeiten, eine Welt mit Hilfe eines gemeinsamen Weges aufzuzeigen. Mit Pater Anselm teile ich die Überzeugung, dass ohne die positive Einstellung gegenüber Mensch und Natur kein guter Fortschritt in diese Richtung möglich ist.

Je größer die Herausforderung, desto größer sind auch unsere Chancen. Das gilt auch für alle Projekte, die positiven Wandel herbeiführen können. Statt nur zu betonen, wie viele Arten jährlich verschwinden, können wir zum Beispiel unsere Sichtweise ändern und uns an den Milliarden von Lebewesen erfreuen, die es noch gibt. Wir sind genügend Menschen und Arten, wir haben genügend Ressourcen, um das alles zu retten. Es liegt an uns. Wir haben keine Zeit mehr, pessimistisch die Hände in den Schoß zu legen. Und es ist noch viel zu früh, um zu Dinosauriern zu werden.

Wir haben bereits einiges erreicht, aber es ist noch längst nicht ausreichend. Mögen wir alle vom »Zeitalter Enron« zum »Zeitalter der Ethik« gehen, vom Zeitalter der sozialen Verantwortung zum Zeitalter der globalen Verantwortung und von der »Ich-zuerst«-Sicht des Menschen zur »Erde-zuerst«-Sicht, die die gesamte Natur einschließt. Lassen Sie uns gemeinsam für mehr Nachhaltigkeit einstehen und diese auch leben.

Pater Dr. theol. Jonathan Düring OSB

Geboren 1960, trat er 1983 in die Benediktinerabtei Münsterschwarzach ein. Er promovierte 1997 über die Situation der Abtei Münsterschwarzach während der NS-Zeit und engagierte sich fast 20 Jahre in der Jugendarbeit der Abtei Münsterschwarzach, unter anderem als deren Leiter. Fast 15 Jahre war er Erzieher, Lehrer und Schulseelsorger am Egbert-Gymnasium der Abtei. Er ist Autor mehrerer Bücher, die im Vier-Türme-Verlag erschienen sind, und Exerzitienbegleiter. Seit 1996 trainiert Pater Jonathan Düring Aikido, eine japanische Selbstverteidigungs- und Bewegungskunst.

Seit 2009 ist er Subprior im Priorat Damme (Oldenburg), leitet das Gästehaus des Priorats und arbeitet in der Exerzitienbegleitung und der Berufepastoral. Er hält Vorträge zum Thema »Drittes Reich« und über den Umgang mit Gewalt in der Bergpredigt.

Aikido versteht Pater Jonathan als eine »in Körpersprache übersetzte Spiritualität der Gewaltfreiheit«, einen geistlichen Weg, der neue Sichtweisen auf sich selbst, die anderen, die Welt und den eigenen Glauben bringt. Für ihn eröffnet es die Möglichkeit, Gott im eigenen Leib zu begegnen.

Klar – Liebe drückt kein Auge zu

»Liebe drückt kein Auge zu« – ist da nicht ein Buchstabe zu viel? Hieß es doch für die meisten von uns schon von Kindheit an: Sei doch lieb! Und es heißt immer, dass gerade die Liebe ein Auge zudrückt, wenn es darum geht, dass jemand einen Fehler gemacht hat, dass ihm ein Missgeschick oder sonst etwas Peinliches passiert ist. »Na, das macht nichts«, wird als liebevolle und noble Geste erwartet, »das kann ja mal passieren«, »das ist nicht so schlimm«.

Dass genau hier eine der größten Gefahren liegt, die Liebe in ihrem Wesenskern zu verraten, wird damit aber gleich mit übersehen. Übrig bleibt eine zahnlose Karikatur von »Liebe«, eine Liebe, die man gerade deshalb nicht mehr ernst nimmt, weil sie zu lieb geworden ist. Wo Liebe zu lieb wird, weil sie zu oft die Augen zudrückt, bewirkt sie, dass man sie letztlich selbst aus den Augen verliert.

Wirkliche Liebe ist überhaupt nicht lieb. Sie schaut eben nicht weg, wenn ein Fehler gemacht wird, wenn ein Missgeschick oder etwas Peinliches oder Schlimmes geschieht. Im Gegenteil. Liebe schaut ganz genau hin. Nicht nur oberflächlich, sondern eindringlich. Liebe verharmlost nichts und fürchtet letztlich auch nichts – auch nicht den Schmerz, der dadurch entsteht, weil sie offenlegt, was »gespielt wird«, oder weil sie etwas klar beim Namen nennt, was in einem irreführenden Gewand oder Aussehen daherkommt.

Was Liebe ist, lässt sich gar nicht wirklich ins Wort fassen und schon gar nicht in ein einziges. Weil Liebe so unbeschreiblich ist, braucht sie ganz viele Namen. Es gibt kaum eine Sprache, in der es nicht viele verschiedene Namen für die Liebe und ihre unterschiedlichen Ausprägungen gibt. An unserer Sprache, unserer Sprachkenntnis und unserem Sprachgebrauch können wir ablesen, was unser Leben prägt. Das lässt sich auch an anderen Worten erkennen. So gibt es bei den Eskimos mehr als zwanzig Begriffe für die unterschiedlichen Nuancen von »weiß«, so wie manche Urwaldvölker mehr als zwanzig Namen für »grün« haben, oder Wüstenbewohner eine Vielzahl an Worten für »Sand« und Sandfarben.

Ein Volk, dessen Sprache eine Vielfalt von Bezeichnungen für Liebe hat, erkennt an, wie lebensnotwendig sie ist. Wie viele verschiedene Worte für Liebe kennen Sie? Wie viele verschiedene Worte für Liebe gebrauchen Sie in Ihrem Alltag? Liebehaltige Worte wie zum Beispiel Barmherzigkeit, Treue, Zärtlichkeit, Achtsamkeit, Ehrfurcht – um nur ein paar wenige zu nennen. Wie viele verschiedene Facetten und Nuancen von »Liebe« fallen Ihnen ein?

Andersherum bedeutet die häufige und undifferenzierte Verwendung des Wortes »Liebe« nur, wie lieblos oder wie seelisch arm eine Gesellschaft geworden ist. Das betrifft nicht nur die Flut der Sex- und Pornozeitschriften oder die Regenbogenpresse – die unter »Liebe« so ziemlich alles verkaufen, was sich verkaufen lässt. Dann dauert es nicht mehr lange, bis das Wort »Liebe« ausgelutscht ist und man es eigentlich nicht mehr hören kann. Und dann dauert es nicht mehr lange, bis auch das verschwindet, was mit »Liebe« eigentlich gemeint ist. Die Folge ist der Verlust und die »Verdunstung« der Menschlichkeit. Übrig bleiben starre Ideologien und eiskalte Ideologen, für die auch Leid und Leichen keine Hemmschwellen sind, die sie beherzigen. Sie können es gar nicht, weil sie ihr Herz hinter ihren Illusionen aus Angst vor Machtverlust eingemauert haben – wenn auch meist hinter einem aufgesetzten Lächeln.

Eine der größten (wenn auch schönsten) Gefahren für die Liebe liegt darin, dass wir sie verwechseln mit dem Schmetterlingsgefühl im Bauch, das Verliebten eigen ist. Wir reduzieren sie auf das Erleben von romantischen Stunden und inspirierenden, zärtlichen Begegnungen. Wo wir diese Gefühle nicht haben, glauben wir allzu oft auch, die Liebe verloren zu haben – und verhalten uns dann, als seien wir ungeliebt und lieblos.

Wer Liebe als Gefühl versteht, braucht sich nicht zu wundern, wenn sein Leben einer Achterbahnfahrt gleicht, die ihn mehr oder weniger kräftig durcheinanderwirbelt. Das mag mal passen auf dem Jahrmarkt, aber für den Alltag taugt das nicht.

Dass Liebe Gefühle auslöst, steht außer Frage, aber dass Liebe aus Gefühlen besteht, ist ein Irrtum. Liebe ist vielmehr eine Grundeinstellung. Liebe braucht einen festen und verlässlichen Grund, auf dem sie sich entwickeln und entfalten kann. Das müssen keine äußeren Sicherheiten sein. Innere Entschiedenheit ist dazu wichtig. Entschiedenheit, aus der und an der Gewissheit wachsen kann, gewollt zu sein. Das ist zuallererst das Ja zum Leben als ein kostbares, zu schützendes und zu pflegendes Geschenk. Wo dieses Ja fehlt, findet auch die Liebe keinen Grund. Wo aber dieses Ja zum Leben da ist, kann Liebe sehr viel ausrichten. Da kann sie neu ausrichten.

Liebe öffnet die Augen. Liebe lässt auf die Wirklichkeit so schauen, wie sie ist – nur schaut sie nicht richtend, sondern »aufrichtend« darauf. Echte Liebe kann das, weil sie auch sehen kann und will, was beugt und lähmt und verkrümmt. Liebe schaut nicht weg. Sie kann das, weil sie träumen kann, obwohl sie durch und durch realistisch ist. Und nur weil sie realistisch ist, macht die Liebe auch lebendig. Liebe braucht keine Richtscheinwerfer, die alle Dunkelheiten ausleuchten. Sie braucht nicht das unpersönliche gleißende Licht selbst- oder amtsbewusster Gerechtigkeit. Liebe leuchtet durch menschliche Augen in der Wirklichkeit des Alltags, und durch diese leuchtenden Augen beleuchtet sie ihn. Menschliche Liebe macht hell. Menschliche Liebe klärt auf. Und das lässt leben.

Die alten Mönche haben dafür das Wort »discretio« geprägt. Damit ist gerade kein Wegschauen von dem, was da gerade geschieht, gemeint, sondern ein darauf Achtgeben, dass die negativen Folgen möglichst gering bleiben. »Discretio« ist Achtsamkeit pur. »Discretio« kann nur üben, wer um den Menschen und seine Abgründe weiß. Jemand, der nicht nur darum weiß, sondern sie auch kennt, vor allem in sich selbst. Jemand, der diesen Abgrund aushält, ohne ihn zuzudecken oder zu verheimlichen. »Discretio« gelingt nur, wenn man mit wachem und offenem und vor allem auch wohlwollendem Blick auf sich selbst und dann auch auf die anderen schaut.

Dieses Wohlwollen scheint mir der Schlüssel zur Liebe. *Lieb sein* kann ich auch ohne Wohlwollen. *Lieben* nicht. Der nicht wohlwollende Blick sieht hin und deckt auf, um abzugrenzen und auszuschließen. Falsch verstandenes Wohlwollen sieht weg oder drückt eben sprichwörtlich ein Auge zu, um nicht ausschließen oder einschreiten zu müssen.

Wirkliche, wohlwollende Liebe dagegen sieht hin mit offenen Augen. Sie deckt auf, damit sich der oder die andere nicht selbst ausschließt. Sie sieht nicht nur den Schmutz, sie sieht auch die Wunde, die darunter verborgen liegt. Und genau darauf kommt es an. Es geht ihr um die Klarheit und die Reinheit, die das Leben braucht, um in seine Kraft zu kommen. Es geht ihr um das Einüben der Wahrhaftigkeit. Wahrhaftigkeit aber ist nur dort möglich, wo alles ans Licht kommen kann und ans Licht kommen darf, ohne dass es mit Ächtung und Verachtung kommentiert oder geahndet wird. Wahrhaftigkeit lässt sich nur üben im Blick und im Licht klarer, wohlwollender Augen – auch und gerade bei begangenen Fehlern. Diese klaren, wohlwollenden Augen zeigen die Richtung zum Richtigen. Diese richten neu aus – leise, ohne Besserwisserei, ohne Demütigung. So ermöglichen sie auch ehrliche Reue.

Wenn wir eine Zukunft haben wollen, sollten wir nicht die Augen zudrücken vor dem, was in der Welt geschieht. Was unsere Kirche, was unsere Gesellschaft und unsere Welt braucht, ist eine neue Aufklärung. Eine Aufklärung, deren Licht in wohlwollenden Herzen geboren wird. Eine Aufklärung, deren Licht die giftigen oder betäubenden Nebel der Respektlosigkeiten auflöst, die sich in unser aller Leben ausgebreitet haben. Eine Aufklärung, deren Licht die Liebe freilegt und freisetzt, zu der wir angelegt und fähig sind. Das hätte Kraft. Gute Kraft, heilende Kraft.

Schwester Ursula Theresa Buske CCR

Geboren 1959, trat sie am 1. Advent 1991 in die evangelische Ordensgemeinschaft Communität Casteller Ring auf dem Schwanberg ein. Sie arbeitete in der Tagungsstätte Schloss Schwanberg und übernahm die Leitung der Tagungsstätte. 2002 wurde sie zur Priorin der Communität gewählt. Nach Beendigung ihrer Amtszeit wurde sie im Juni 2009 zur Vorstandsvorsitzenden der Jesus-Bruderschaft e.V. Gnadenthal berufen.

Die gelernte Diplomkauffrau möchte Brücken über die Konfessionen hinweg schlagen. Sie nimmt an einem zweijährigen monastisch-patristischen Curriculum der Benediktinerabtei Stift Neuburg, Heidelberg, teil und sieht Verbindungslinien zwischen den Gedanken der Reformation und der Alten Kirche. Sie ist Mitglied des Koordinationsteams der Konferenz Evangelischer Kommunitäten und nimmt teil an der Vereinigung der Benediktinerinnen im deutschen Sprachraum. Darüber hinaus wird sie in den Diakonischen Rat Bayern gewählt.

Mission durch Dasein – so beschreibt sie die benediktinische Art der Verkündigung. Sie ist der Ansicht, dass die Präsenz der einzelnen Lebensgemeinschaften in Gebet und Arbeit der Ort ist, um das christliche Evangelium heute glaubwürdig zu leben, und die Vernetzung der Gemein-

schaften untereinander macht die Verbundenheit der Kirche als Leib Christi sichtbar. Sie denkt, dass Brückenbauer und Grenzgänger gesucht werden, damit diese Welt Gott erfahren kann.

Vernetzt – Für wen gehst du?

Ich möchte die Frage des heutigen Tages etwas abwandeln: Wohin geht es – wohin gehst du – für wen gehst du? Meine Gedanken, wie es gehen könnte, beziehen sich auf die Ökumene, und ich verbinde sie mit zwei Beispielen zu den Stichworten »Gebet« und »Arbeit«.

Mein Beispiel zum Stichwort »Gebet« ist die Bewegung »Miteinander für Europa«. Es gibt schon lange ein Treffen von evangelischen Geistlichen Gemeinschaften, zu dem auch einige Kommunitäten kommen. Nach der Unterzeichnung der gemeinsamen Erklärung zur Rechtfertigungslehre in Augsburg 1999 trafen Vertreter dieses evangelischen Treffens auf *Chiara Lubich*, Fokolare, und *Andrea Riccardi*, Sant'Egidio. Aus dieser Begegnung entstand über die Stationen München 2001, Stuttgart 2004, Stuttgart 2007 die Bewegung »Miteinander für Europa«, der sich weitere evangelische wie katholische Gemeinschaften anschlossen.

Auf dem Ökumenischen Kirchentag in München 2010 wurde von der Bewegung ein Tag gestaltet. Mittlerweile ist die Bewegung mehr in einzelnen Regionen aktiv als in Großveranstaltungen.

Die Entwicklung zu dieser Bewegung hat sich aus der Frage ergeben: Wie bekommt das Evangelium in Europa eine Stimme? Christen sind glaubend einen Weg gegangen. Sie werden wohlwollend von den Kirchenleitungen wahrgenommen und bei Großveranstaltungen prominent unterstützt. Möge es so bleiben.

Klöster, Kommunitäten, Geistliche Gemeinschaften – mit welchem Lebensentwurf die Verbindlichkeit auch immer ausgedrückt wird: Sie orientieren sich an der Urgemeinde und stehen untereinander in Verbindung. Alle beziehen sich auf die Heilige Schrift, die zwar jeder anders interpretiert, aber das war zu keiner Zeit der Kirchengeschichte anders. Jeder Beteiligte weiß, für wen er geht, das heißt, ich unterstelle, dass jeder weiß: Er geht für Jesus, den Christus. Das tut wohl jeder in der eigenen Tradition, und dadurch gibt es Unterschiede im Ausdruck. Die Unterschiede werden mittlerweile von den Verantwortlichen nicht mehr als Trennung empfunden, sondern als Ergänzung. So ist es heute möglich, dass sich Gemeinschaften begegnen, die auf den ersten Blick gegensätzlich sind, wie zum Beispiel der CVJM und die Schönstatt-Bewegung. Bei diesen Begegnungen können Vorstellungen und Vorurteile genannt und korrigiert werden, aber die Spiritualität der anderen wird respektiert. Diese Bewegung ist für mich ein Vorbild, wie es gehen könnte. Die Begegnungen finden im Bewusstsein der eigenen Tradition statt, die Identität gibt. Aus dieser Identitätsgewissheit heraus darf auch der andere sein. Das gemeinsame Ziel verbindet. Ich verbinde damit zum einen Hoffnung für die Kirche – die eine, geistgewirkte Kirche – und auch Hoffnung für den interreligiösen Dialog. Möge die Rückbindung – die »Religio« – an die eigene Tradition die Identität stärken und den Missbrauch der Religion zur politischen Agitation hindern.

Mein Beispiel zum Stichwort »Arbeit« beginnt mit der Diakonie in Bayern. Der Präsident des Diakonischen Werkes, *Dr. Ludwig Markert*, steht für die anwaltschaftliche, die fürsprechende Diakonie und erst danach für die unternehmerische Diakonie. Diakonisches Werk und Caritas haben ein Impulspapier herausgegeben, das für beide Werke die zukünftige Rolle in den Veränderungen auf dem Sozialmarkt überlegt und vorrangige Optionen feststellt. Sie haben einen gemeinsamen Standpunkt und Handlungsleitfaden entwickelt. Beide Werke gehören zur »Landesarbeitsgemeinschaft der freien Wohlfahrtspflege in Bayern« (LAG). Sechs Verbände haben sich zusammengeschlossen: Diakonie und Caritas, Rotes Kreuz, Arbeiterwohlfahrt, Paritätischer Wohlfahrtsverband und die Israelitischen Kultusgemeinden. Das Amt des Sprechers wechselt halbjährlich, und so haben die sechs Verbände eine Stimme im Sozialministerium. Der Zusammenschluss in diesem Dachverband spricht von der Weisheit, die Ergänzung zu suchen, ohne die Konkurrenz zu fürchten. Denn Konkurrenz gibt es im Alltäglichen sehr wohl, aber um der gemeinsamen Stimme willen spielt sie auf oberster Ebene keine Rolle. Es ist eine Zweckgemeinschaft, die den Menschen in der Gesellschaft im Blick hat. Die Motivation zum Handeln dürfte aus unterschiedlichen Quellen stammen.

Wenn wir als Einzelne oder als Gemeinschaft in Arbeitszusammenhängen stehen, dann ist die Bibel mit ihren Tugenden nur eine Möglichkeit, Denken und Handeln zu begründen. Begriffe aus Ethik und Humanismus bekommen mehr Gewicht. Werte sind heute hoch im Kurs, weil sie als weltanschauungsneutral angesehen werden. Die Wertediskussion der vergangenen Zeit trägt für mich aber eher die Überschrift: »Es ist gut, dass wir darüber reden.« Werte scheinen mittlerweile losgelöst von der Verpflichtung, sie auch einzuhalten. Wo ist die »Religio« – die Rückbindung, die um eine Rechenschaftspflicht weiß? Für wen gehst du, wenn du von diesem oder jenem Wert sprichst?

Der Mensch der Postmoderne legt Wert auf seine Freiheit, er akzeptiert kaum Grenzen.[1] Und doch sind gerade Grenzen im Denken und Handeln nötig für ein gemeinsames Leben auf dieser Erde. Es ist nicht verwunderlich, dass das große Thema unserer Tage »Armut« heißt.

Vernetzung kann sich ergeben oder sie kann zweckdienlich gesucht werden. Die beiden Beispiele, die ich oben genannt habe, sind Zusammenschlüsse, die langfristig angelegt sind und die dem Leben dienen. Für mich ist es nicht egal, mit wem ich vernetzt bin, in welchen Beziehungen ich stehe, weder als Einzelne noch als Mitglied von verschiedenen Gemeinschaften. Die Beziehungen kann ich mir aber nicht aussuchen. Was dann? Was, wenn ich ein ungutes Gefühl habe oder eine Sache gegen meine Werte läuft? Wie ist es mit meinen Antworten, mit meiner Identität, mit meiner »Religio«?

Eigentlich sind Ordensleute an dieser Stelle im Vorteil, denn im Tagesrhythmus ist die Unterbrechung eingeplant. Unterbrechung ist wesentlich, um Abstand vom Tagesgeschäft zu bekommen, um wieder in mir den Resonanzboden für eine Entscheidungsfindung freizulegen. Gebet und Rezitieren der Psalmen verhelfen zur Freiheit, mit den Augen des Ewigen Sachfragen und Beziehungen anzuschauen, sie in diesen Raum der Ewigkeit hineinzuhalten. Der Geist der Unterscheidung kann sich entfalten und ist nötig, um zu erkennen: Welche Beziehung lenkt ab und kostet Energie, und welche Beziehung dient dem Leben, ist langfristig?

So bitte ich im Namen Jesu:

Komm, Heiliger Geist,
wir bedürfen des Rates,
der Hilfe und des Schutzes,

Komm, Spender der Gaben,
komm, Licht der Herzen.
Amen.

Bruder Paulus Terwitte OFMCap

Geboren 1959, ist er 1978 dem Kapuzinerorden beigetreten. Nach seinem Noviziat und Studium der Theologie arbeitete er in der Seelsorge in Offenburg, Stühlingen und Gera. 1998 wurde er in das Kapuzinerkloster Liebfrauen berufen, wo er neben der Seelsorge mit der katholischen Fernseharbeit seinen Weg in die Medienwelt begann.

Bis 2009 leitete er das Kapuzinerkloster Dieburg. Jetzt ist Bruder Paulus Terwitte als Beauftragter für Berufungspastoral in Würzburg tätig. Er ist Mitglied im Zentralkomitee der Deutschen Katholiken und im Frankfurter Zukunfts-Rat sowie geistlicher Beirat im Vorstand der Gesellschaft katholischer Publizisten.

Bruder Paulus ist einer der aktivsten Vertreter seiner Botschaft: Er war Gast in der »Harald Schmidt Show«, schrieb mehr als 30 Bücher und hatte als erster Ordensmann eigene Talkshows, in denen er mit Gästen aus Politik und Gesellschaft der Frage nach Ethik in unserer Gesellschaft nachging.

Bruder Paulus steht für eine populäre Verkündigung der Botschaft der Bibel in den elektronischen Medien, durch die er – über die Kirche hinaus – einen weiten Personenkreis erreicht. Der Priester und Seelsorger steht für eine Kirche, die auf dem »Markplatz der Mediengesellschaft« eine überragende Rolle spielt. Der Fünfzigjährige denkt dabei nicht nur an Gottesdienstübertragungen, Glaubensgespräche oder lebendige TV-Magazine, sondern auch an Exerzitien etwa per »Facebook« und »Twitter«: Kirche, die auch im Netz Heilsorte initiiert.

Medial – Liebe muss sich sehen lassen,

oder: ***Eine Liebesgabe an die Gesellschaft – Warum die Kirche sich mit eigenem Fernsehkanal zeigen muss***

Wer liebt, der lächelt, singt oder kauft einen Blumenstrauß. Er scheut sich nicht, damit durch die Straßen zu gehen. Angesprochen auf das Präsent in Papier, wird er fröhlich verkünden: Ich bin verliebt! Und leichtfüßig entschwinden, der Liebe seines Lebens entgegen.

Zweierlei zeigt diese Geschichte: Wer liebt, will das zeigen. Nicht nur dem oder der Geliebten, sondern auch allen, denen er begegnet. Und wer liebt, macht sich nichts daraus, was andere darüber denken oder wie sie ihn bewerten: Er teilt sich mit aus Liebe. Und er würde es dem Mond sagen – wenn er könnte.

Dürfen Sie fernsehen?

Dass im Kloster Menschen leben, denen die Liebe zu Gott und zu den Menschen zentral ist, wissen viele in Deutschland und weit darüber hinaus, auch durch das Wirken von Pater Anselm Grün. Trotzdem muss ich bei Klosterführungen in unseren bescheidenen Kapuzinerklöstern immer wieder sagen: »Das Kloster ist nicht reich. Hier lebt man nicht wie im Mittelalter. Es gibt keinen Kerker. Sie können hier nicht die Vergangenheit erleben – und ich bin auch nicht von gestern.«

Ordensleben ist heute anders, als die Menschen es in Filmen wie »Leben einer Nonne« oder »Der Name der Rose« zu sehen bekommen. Solche Werke sind erfolgreich, weil uns Vorstellungen von ungezügelter Autorität, asketischer Selbstzerfleischung, organisierter Lebensunlust und geheimen Wünschen, sich Lüste zu erfüllen, faszinieren. Das hat aber mehr mit dem Inneren des Menschen zu tun. Nicht nur ein Kloster ist ein Geheimnis. Wir selbst sind auch ein Geheimnis. Nur sprechen wir nicht breitenwirksam davon. Manche der Klosterbesucher fragen am Ende der Führung dann: »Haben Sie einen Fernseher?« Die Frage wird mir tatsächlich gestellt, obwohl mich sogar mancher, der so fragt, selbst im Fernsehen gesehen und mich zu Beginn der Führung darauf angesprochen hat. So fest sitzen die alten Bilder übers Ordensleben. Da hilft nicht einmal die Begegnung mit einem Ordensmann, der eine eigene Fernsehsendung hat. Auch der wird gefragt, ob es bei ihm daheim einen Fernseher gebe.

Stete Augentropfen verabreichen

Fernsehbilder prägen. 104 Minuten sitzen Sechsjährige täglich vor dem Fernseher, Erwachsene bis zu dreieinhalb Stunden. Auch wenn wir es uns fast nicht vorstellen können: Es gibt Menschen, die lesen keine Bücher. Manche sagen: Davon wird es zukünftig immer mehr geben. Deswegen ist es schön, wenn christliche Verlage wie der Vier-Türme-Verlag viele Bücher drucken. Vier Millionen Bücher, in diesem wie in anderen Verlagen erschienen, tragen den Namen unseres Jubilars auf dem Cover. Dennoch: Er zeigt sich und seine Botschaft damit nur einem kleiner werdenden Ausschnitt der Gesellschaft. Zugespitzt: Die Kirche schreibt Bücher, und das Gros der Gesellschaft zappt sich durchs Programm. Die Kirche predigt in ihren Hallen, und das Gros der Gesellschaft sitzt stundenlang daheim vor der Mattscheibe. Und kommt nicht rein.

Oder kommt zumindest nicht in die Breite dessen, was Kirche sein kann, hinein, in die Fülle von Formen des Ordenslebens, in die abenteuerlichen Wege des Denkens über Gott und die Welt, wie wir Katholiken es praktizieren. Dem Gros der Gesellschaft flimmert vom meist rechten Rand der Kirche Kirchliches in einer Weise ins Wohnzimmer, dass mancher Zeitgenosse eher den Kopf schüttelt, als die Augen staunend öffnet. Mangels eines breit aufgestellten, journalistisch geführten, dem Zweiten Vatikanischen Konzil und der Würzburger Synode verpflichteten katholischen Fernsehsenders nimmt die Gesellschaft Randgruppen als Kernbotschafter wahr und fragt sich, wie sie mit denen in ein vernünftiges Gespräch kommen soll.

Erstaunlich, dass es bislang noch nicht zu einer konzertierten Aktion von Bischofskonferenz und Zentralkomitee der deutschen Katholiken, in dem ja auch die Hilfswerke und Verbände Mitglied sind, kam, ein Medienwerk zu konzipieren. Das könnte ähnlich dem Missionswerk missio oder dem Bonifatiuswerk wirken, mit dem Ziel, in jedem Wohnzimmer in Deutschland im Kiosk »Fernseher« ein ansprechendes Fenster bereitzuhalten. Denn nur wer auf der Fernbedienung zu erreichen ist, kommt in der Breite an. Das ist meine Überzeugung. 70 000 bis 120 000 Zuschauer sehen sonntags um 8.30 Uhr meine Talk-Sendung »N24 Ethik – Um Gottes Willen«. Bis zu 2,2 Millionen lassen sich von der Kirche durch das »So gesehen« einen für den Normalzuschauer von Sat1 ungewöhnlichen Gedanken sagen. Der ZDF-Gottesdienst hat seine Zuschauer (ca. 400 000), das Wort zum Sonntag (auch schon mal 2,4 Millionen Zuschauer), die einzelnen Sendungen der Kirchenredaktionen verschiedener Fernsehsender. All das wirkt. Es hat mal mehr und immer mehr auch mal weniger Platz im Warenhausangebot der vorhandenen Sender. Man muss, nebenbei bemerkt, lange arbeiten, um im Internet Klickzahlen in annähernd dieser Größenordnung zu generieren. Was jetzt jedoch noch fehlt in der deutschen Bewegtbildlandschaft, ist ein Spezialgeschäft.

Unsere Gesellschaft braucht einen katholischen Kultur-Fernsehsender als Bewegtbild-Spezialshop, der für Wertefundament und Glaubenshorizont steht, für Tiefe und Weite, für Einheit und Vielfalt aus der Wurzel Jesu Christi, eben: katholisch. Darin soll sich der Durchschnittsbürger so gern aufhalten können, wie er gern mal eine Kirche betritt, ein Seminar besucht oder einen Theaterabend der örtlichen Gemeinde. Das wäre ein Angebot für alle, die sich etwas Besonderes leisten wollen: Kirche. Gott. Werte. Lebendigkeit zum Wohle anderer und nicht auf Kosten derselben.

Misereor, Adveniat, missio, die regionalen Kirchensendungen vom Typ katholisch.tv oder Kirche in Bayern – überall werden anspruchsvolle Beiträge im Bewegtbildbereich produziert, die aber nur rund um den eigenen Kirchturm ausgestrahlt werden. Viele wissen nicht einmal voneinander. Teilweise werden sie inzwischen downgesampelt und auf der eigenen Website angeboten. Manchmal auch auf der Internetseite gloria.tv und, die ganz Eifrigen, auf youtube. Effektiv ist das nicht.

Lieber versteckt bleiben im Herkömmlichen?

Statt sich eine Wochenzeitung aus Kirchensteuermitteln zu halten, Bistumsblätter mit schwindenden Auflagen zu produzieren oder ein Internetportal zu generieren, das den Charme einer Mischung aus »kna«-Nachrichten-Brett (das ist die mit Kirchensteuermitteln bezahlte katholische

Nachrichtenagentur) und Bannertauschplattform hat, könnten wir den normalen, den kritischen Katholiken und der Gesellschaft, die nach Wertorientierung und authentischem Leben und Reden sucht, ein Fenster gestalten, das Meinung habend und Meinung bildend den anlacht, der dorthin zappt. Damit es dazu kommt, muss nach meiner Einschätzung die Liebe neu entfacht werden, die das Evangelium in den Menschen weckt. Und wenn in den Menschen, dann doch wohl erst recht in den Katholiken.

Nun ist Liebe und Evangelium nicht gerade eine Begrifflichkeit, die man dem Katholischen zurechnet. Ein Glaube, den Liebe bewegt, oder eine Liebe, die vom Glauben getragen wird, davon darf vielleicht Pater Anselm Grün sprechen in wohlgesetzten Worten und meditativen Veranstaltungen. In den Sitzungen und Zirkeln der Kirche bestimmenden Domkapitel und Werke- und Verbandsvorständen scheint liebebewegter und bewegender Glaube exkommuniziert zu sein. Wir sind derart vom Zeitgeist infiziert in der deutschen Kirche, dass man sich nicht wundert, wie wenig wir als die »Eine Kirche« wahrgenommen oder gar ernst genommen werden.

Welcher Zeitgeist macht der Gesellschaft und der Kirche zu schaffen? Das vielbeschworene Land der Dichter und Denker ist zu einer amorphen Masse von Bedenkenträgern geworden, die in diversen Talksendungen mehr oder weniger Gedankenvolles hin und her werfen, ohne schließlich zu einem Ergebnis zu kommen. Wie denn auch? Das wäre auch sehr intolerant, würde da jemand einen Standpunkt vertreten, der allgemeine Gültigkeit beansprucht. Wir sind so freiheitsliebend, dass wir jedem seine Freiheit lassen. Das Ende vom Lied der Freiheit ist dann ein freundliches Desinteresse an der Position des anderen. Er kann zu meiner Freiheit nichts beitragen, ihr höchstens gefährlich werden. Da bleibt jeder lieber für sich. Und allein.

Liebe zeigen

Anders der Liebende. Er hat gerade entdeckt, dass ihm der andere etwas offenbart, was ihm vorher im eigenen Innern verschlossen war. Selbsterkenntnis ist in Wahrheit eine »Vom-Du-erkannt-worden-sein-Erkenntnis«. Im Spiegel des anderen wird mir über mich selbst vieles klar, was zuvor unklar war. Das ist überraschend. Es weckt auf. Macht Beine. Will sich zeigen.

Dass Glaubende von der Liebe Bewegte sind, ahnen nur noch wenige, die von den Glaubenden sprechen oder sie sich anschauen. Alle Jubeljahre kommen sie mit ihnen zusammen, meistens bei feierlichen Anlässen. Ein Pfarrer und eine Handvoll Überzeugte zelebrieren etwas vom Glauben, etwa bei Trauungen oder Erstkommunionfeiern. Nach Liebe schmeckt das dann aber nicht. Daran sind nicht unbedingt die Gläubigen schuld. Spiel- und Feierverderber sind eher jene, die aufpassen müssen, möglichst nicht aufzufallen mit der mangelnden Gewohnheit, an solchen Feiern teilzunehmen. Ich habe immer wieder die stumm Anwesenden bei Trauungen vor Augen, die sich »das Ganze« eher von außen anschauen und einmal mehr den Eindruck gewinnen, da würde es auf Äußeres ankommen – vergleichbar mit einem, der die Liebe nicht kennt, darüber grübelt, was der Liebende mit seinem Blumenstrauß will, für den der viel Geld ausgegeben hat.

Ähnliche Grübelei hat auch jene erfasst, die sich das religiöse Tun noch zur Aufgabe, ja zur Pflicht machen. Sie erscheinen wenig begeistert unterwegs zu sein auf den geliebten Christus hin, der wiederkommt. Gerade in Deutschland nervt mich zunehmend eine zähe Christlichkeit, die vor allem Probleme kennt und laut hinausposaunt und – schlimmer noch – die Besitzstände verteidigt, und seien sie noch so unvernünftig. Ich kenne BDKJ-Vorstände und Jugendbüros, in denen sich schon lange keine Jugendlichen mehr einfinden. Da werden in einer fränkischen Metropole morgen für morgen vierzig Eucharistiefeiern zelebriert, obwohl manche der Besucher vielleicht besser mittags oder nachmittags oder spätabends Zeit hätten. Und es gibt natürlich 27 Internetauftritte der deutschen Bistümer und noch mehr von Ordensgemeinschaften, die in der Mehrzahl nur dies gemeinsam haben: dass sie sich nicht einig sind. Sie sind nicht erkennbar als zu der »Einen Heiligen Katholischen und Apostolischen Kirche« gehörig, bilden öde die Struktur ab, die offensichtlich von Dezernenten und weiteren Abteilungsleitern dort wiedergefunden werden will. Und sie sind in den meisten Fällen bis auf Pressemeldungen wenig aktuell. Zudem hat man in den seltensten Fällen schon einmal etwas von Web 2.0 gehört. Das alles erscheint mir eher eine Folge eines Primats von Verwaltung. Sie kümmert sich ihrem Wesen nach um das, was da ist, und das verwaltet sie.

Liebe fängt an

Dem interessierten Beobachter muss einfach auffallen, dass alle großen Medienwerke der katholischen Kirche Privatinitiativen entspringen. Ich gehe großzügig über die Leistung der Ordensgemeinschaften hinweg, die hier wie in vielen anderen Ländern Medienkompetenz in jeder Hinsicht eingebracht und weiterentwickelt haben. Im Blick auf die Kirche in Deutschland fällt mir dann die Katholische Glaubensinformation mit dem weitsichtigen Gründer *Pater Ferdinand Krenzer* ein. Lange vor E-Mail-Seelsorge und Newsletter-Betreuung hat er im Briefapostolat eine Kirche bezeugt, die mehr ist als pfarramtliche Statistik. Ich hoffe, dass die Begeisterung für den Nichtglaubenden und Suchenden nach Auflösung seines Lebenswerkes durch die Deutsche Bischofskonferenz in die neue Pastoralstelle in Erfurt überschwappt. Radio Horeb und der unermüdliche *Pfarrer Kocher* fallen mir da ein. Von K-TV und *Pfarrer Buschor* muss ich sprechen, der mir persönlich versicherte, er wolle einen, wie er betonte, *römisch*-katholischen Fernsehsender. Ich denke an Bibel.tv und *Norman Rentrop*. Oder den Evangeliumsrundfunk Wetzlar und *Horst Marquard*. Und natürlich Eternal Word Television Network EWTN und *Mother Angelica*. Aber auch an das domradio und *Joachim Kardinal Meisner*. Die Reihe lässt sich noch weiter fortsetzen. Was fast alle diese Gründerfiguren gemeinsam haben: Sie traten neben den vorhandenen Medienstrukturen der Kirche auf den Plan, verstanden sich ganz als Kirche und mussten nicht selten Widerstand ertragen von denen, in deren Verwaltungshorizont das nicht einzuordnen war. Gleichwohl wurden und werden sie von vielen kleinen und großen Spenderinnen und Spendern getragen und überzeugten und überzeugen durch Engagement und Inhalte, die viele gern frei Haus geliefert bekommen. Mehr jedenfalls, als manche in verantwortlichen Kirchen- und Ordenskreisen glauben.

So sieht sich die katholische Kirche in Deutschland mit der Tatsache konfrontiert, dass der Radiosender eines einzelnen Priesters und der Fernsehsender eines einzelnen Priesters ihre Katholiken an der Basis im Wohnzimmer per Bewegtbild erreichen. Es stört sie nicht, wenn manche Sendung zum zehnten Mal wiederholt wird. Über manche Eigentümlichkeit gehen sie gern hinweg. Wie oft höre ich: Bruder Paulus, ich habe sie im Fernsehen gesehen. Im Radio gehört.

Sehr oft bezogen sich solche Sätze auf Sendungen, die ich für diese Privaten mitgestaltet habe. Im westfälischen Münsterland oder im Fränkischen: Man betet Rosenkranz mit Radio Horeb, hört geistliche Vorträge per K-TV. Und natürlich per domradio mittlerweile schon bis Fulda. Und per Internet sowieso. Aber hier kommt es mir darauf an zu zeigen, dass katholische Kirche wahrgenommen wird über den Fernsehbildschirm. Und nicht nur von den Insidern. So sagen mir nicht nur die katholischen Medienkollegen, was sie alles an Kritischem zu den Inhalten und den Formaten der frei empfangbaren katholischen TV- und Radiosender zu sagen haben. Es sind eben auch all jene, denen ich oder auch Pater Anselm Grün bei den verschiedenen weltlichen Anlässen, bei denen wir zu Vorträgen eingeladen werden, etwas entgegnen müssen, wenn es wieder heißt: Was ist das denn für ein Programm, was ihr Katholiken da anbietet? Auch wenn die vorhandenen Sender eine bestimmte Zielgruppe erreichen: In die Mitte der Gesellschaft gelangen sie kaum.

Die Gesellschaft beobachtet, wie viel Mühe sich die Kirche macht, ihre Einsicht anzubieten. Was über das Fernsehen kommt, hat Autorität. Darauf wird Mühe verwandt. Darüber musste man sich einen Kopf machen. Diese Autorität wird sich nicht so schnell abbauen, wie manche behaupten, die der Kirche den Sprung ins Multimediaportal verordnen wollen. Bis alle Deutschen online Bewegtbilder im Wohnzimmer verarbeiten können, dauert es noch. Und bis dahin sollte die katholische Kirche das Spielfeld nicht allein einigen kleinen Gruppen überlassen, die Mattscheiben in den Häusern zu füllen oder sich damit zufriedengeben, geduldig an den Türen der Programmleiter öffentlich-rechtlicher oder privater Fernsehsender zu klopfen mit der Bitte, doch auch ein bisschen von sich zeigen zu dürfen.

Liebevoll vielfältig katholisch mit Gesicht

Ein katholischer Fernsehkanal müsste ganz davon durchdrungen sein, mit einem theologischen, journalistischen und einem kulturellen Anspruch die Welt mit dem kritischen Blick eines vom Evangelium durchdrungen Menschen zu zeigen – und den Glauben mit dem kritischen Blick eines von der Welt durchdrungenen Menschen zu zeigen. Dafür braucht dieser Fernsehkanal glaubwürdige Gesichter. Vermutlich liegt hierin vor allem der Grund, warum wir ihn in Deutschland bis jetzt noch nicht auf die Beine gestellt haben. Es scheint für manche eine schaurige Vorstellung zu sein, dass in der Gesellschaft Moderatorin Susanne M. und Talkmaster Georg Z. bekannter und beliebter sind als Erzbischof A. oder Kardinal B. Wer so denkt, dem halte ich gern entgegen, dass ein Fernsehsender Laienaufgabe ist und zum Spielbein der Kirche gehört. Jeder weiß, dass darin nicht dogmatisch korrekt verkündet, sondern so gesprochen wird wie im Ferienlager der DJK oder bei einem Kolping-Abend. Wer sich die örtlichen Programme der Katholischen Frauengemeinschaft Deutschlands oder den Veranstaltungskalender des Bildungshauses Z. anschaut, bekommt eine Vorstellung davon, wie reich und wie leicht ein katholischer Fernsehsender aus Laienhand sich auf die Gesellschaft in Deutschland hin öffnen würde. Natürlich würde darin auch die Stimme der Hirten nicht fehlen. Die Berichterstattung aus Rom würde eine Rolle spielen, aber auch die aus dem Sudan, aus Usbekistan oder China. Und das alles in bester journalistischer und fernsehtechnischer Handarbeit. In den Nachtstunden würden Vorträge gezeigt werden, die in den katholischen Akademien der Republik doch allenthalben schon aufgezeichnet werden und auf den Internetseiten derselben darauf warten, gefunden zu werden.

Weil du mir wichtig bist

Die Liebe will sich zeigen, weil sie im anderen jemanden gefunden hat, der einem selbst wichtig geworden ist. Die Kirche in Deutschland hat langsam gelernt, wie reich sie wird, wenn sie wirklich in den Dialog mit der Gesellschaft tritt. Sie ist nicht ein Gegenspieler, den es zu bekehren gilt, sondern der Lebensort der Kirche und auch der Lebensort Gottes. Die Wertschätzung des anderen äußert sich auch in der Wahl der Mittel, wie wir auf ihn zugehen. Weil wir die Gesellschaft lieben, in der wir leben, müssen wir ihr auf der Höhe der Technik und der Ästhetik zeigen, was wir glauben, was wir sehen, was wir erkennen. Nur dann werden wir auch in den Dialog kommen.

Dass Gott sich in Jesus gezeigt hat in einer einzigartigen »Liveübertragung«, geschah aus reiner Liebe. Die Apostel konnten nicht schweigen von dem, was sie gesehen und gehört hatten (vgl. Apostelgeschichte 4,20). Kathedralen wurden gebaut, und Gutenberg druckte als erstes Buch die Bibel. Liebe will zeigen, dass sie liebt, gerade dann, wenn der Geliebte noch nicht zu sehen ist. Pater Anselm hat uns unzählige Texte geschenkt und Bücher, die nichts anderes sind, als von der Liebe bewegte Gabe aus seinem Herzen an uns. Ein katholischer Fernsehsender in Deutschland, von einem Medienwerk der deutschen Katholiken getragen, wäre eine Liebesgabe an die Gesellschaft. Botschafterinnen und Botschafter des Evangeliums würden per Fernbedienung von der breiten Masse der Gesellschaft aus ungewohnten Blickwinkeln wahrgenommen werden können. Die Kirche würde aus ihrem Innersten heraus in den Wohnzimmern unseres Landes etwa von der Liebe mitteilen, die sie trägt. Sie würde authentisch sichtbar machen, zu welch erfülltem Leben Gottes Liebe jeden Menschen einlädt. Ein katholischer Fernsehsender in Deutschland würde mit journalistischem Anspruch über die Mattscheibe in den Wohnungen zeitgemäße Impulse für Gesellschaft und Kirche in Deutschland geben.

Von ihm aus würde sich eine Internetpräsenz wie von selbst ergeben, in der es nach Art des Web 2.0 Beteiligungsmöglichkeiten der Zuschauenden gibt. Multimediaportal und Kommentarfunktion, geistliche Angebote und Vernetzung von Bildungsangeboten – diese und andere Formen der Informationsgesellschaft wären die Folge der Grundsatzentscheidung: Wir möchten auf dem einfachsten Weg mit einem Fernsehsender eines katholischen Medienwerkes der deutschen Katholiken der breiten Masse etwas von der katholischen Vielfalt zeigen. Sie wird von der Liebe Gottes hervorgebracht, die man uns öffentlich gerne ansehen darf – und die man sich mittels Fernsehen hoffentlich bald auch leichter ansehen kann.

Pater Dr. theol. Mauritius Wilde OSB

Geboren 1965, ist er seit 1985 Mönch der Benediktinerabtei Münsterschwarzach. Nach dem Studium der Theologie und Philosophie war er Lehrer und Erzieher am Egbert-Gymnasium der Benediktinerabtei und Leiter der Jugendarbeit. Er promovierte 2000 über das Gottesbild des deutschen Mystikers Meister Eckhart. Neben seiner wissenschaftlichen Qualifikation hat er sich besonders im Bereich der Persönlichkeitsentwicklung durch Initiatisches Gebärdenspiel, Stimmbildung und Leibarbeit ausgebildet.

Von 1999 bis 2010 leitete er erfolgreich den Vier-Türme-Verlag, den Verlag der Mönche von Münsterschwarzach. Seit Sommer 2010 ist er Prior im Münsterschwarzacher Priorat »Christ the King« in Schuyler, Nebraska (USA).

International ist er als Moderator und Promotor für die Kongregation der Missionsbenediktiner engagiert. Auch in Deutschland ist er gefragt in der Vortrags- und Kursarbeit zu Themen des benediktinischen Lebens, des christlichen Glaubens und einer »Spiritualität des Missionarischen«. Sein neuestes Buch beleuchtet die spirituellen Wurzeln des Wertes »Respekt«.

Pater Mauritius ist in der geistlichen Begleitung tätig sowie in der Tauf- und Traupastoral. In der Berufungspastoral begleitet er junge

Menschen in ihrer Entscheidungsfindung. Er ist überzeugt, dass die Lebensweise der Benediktiner, den Weg nach innen und den Weg nach außen miteinander zu verbinden, gerade heute eine attraktive Möglichkeit ist, wie junge Menschen den Sinn ihres Lebens und einen adäquaten Ausdruck ihrer Persönlichkeit finden können.

Persönlich – Vom Wohlklang des Unverwechselbaren

Wenn wir in der Weihnachtszeit in der nächtlichen Komplet das einfache »Alma redemptoris mater« singen, dann höre ich bis heute das etwas ausgeleierte, aber inbrünstige Vibrato unseres Bruders Xaver auf der letzten Silbe von »Populo« – da klang der ganze Mensch Xaver durch: eine echte Persönlichkeit. Oder Pater Clemens, der eines Tages, als man bei ihm eine unheilbare Herzkrankheit diagnostizierte, sagte: »Man hat mir ein künstliches Herz angeboten. Aber ich will keines. Wenn meines nicht mehr schlägt, dann will Gott das so.« Das ist für mich Persönlichkeit. Das ist es, was man von einem Menschen nicht vergisst. Das ist, was unverwechselbar bleibt.

Hier soll es nun darum gehen, dass das »Persönliche« heute in einer Krise ist, und warum das so ist. Und auch, warum gerade das Persönliche für die Zukunft entscheidend sein kann.

Wenn ich Kurse halte oder Vorträge, dann merke ich immer wieder, welcher Teil der christlichen Botschaft heute am schwierigsten zu vermitteln ist: der des persönlichen Gottes. Etwas Göttliches – ja. Aber Gott als ein persönlicher, oder noch schlimmer Gott in drei Personen – das ist doch etwas von gestern, das sich überlebt hat. Wir fallen nach unserem Tod lieber in einen großen Ozean des Nichts, lösen uns lieber auf, als jemandem von Angesicht zu Angesicht begegnen zu müssen. Auf unseren Gräbern muss nicht einmal mehr unser Name stehen.

Sicher verändert sich in unserer Zeit auch die Religion. Sie muss sich verändern, entwickeln. Ist es aber das Persönliche, das sie aufzugeben hat, um zu bleiben? Meine These: Das Gegenteil ist der Fall. Das Persönliche wird in Zukunft wieder die besondere Rolle spielen.

Zunächst einmal ist die Entpersönlichung in unseren Tagen einfach ein Phänomen, das wir hinzunehmen haben. In der Dienstleistung stehen uns zum Beispiel an Bahn- oder Flughafenschaltern keine Personen mehr gegenüber, sondern Automaten. Wir kaufen, ohne menschliche Verkäuferinnen oder Verkäufer bemühen zu müssen, im Internet selbstständig ein. Immer weniger spielen persönlich haftende Familienunternehmer eine Rolle, stattdessen Manager, die durch zeitlich befristete Verträge aus der Verantwortung gehen können.

Wenn ich jungen Männern, die Interesse am Kloster haben, sage: Es gibt einen Kurs »Kloster auf Zeit«, bei dem noch andere Klosterinteressenten da sind, mit denen man sich in einer kleinen Gruppe austauschen kann, dann höre ich nicht selten: »Ach, ich würde lieber einmal alleine kommen.« Gruppe, Gemeinschaft: das macht heute Stress. Es ist stressig, sich persönlich zu zeigen, vor allem, weil man einen Konkurrenzdruck befürchtet.

Selbst eine moderne Liebesgeschichte kann sich heute nahezu unpersönlich abspielen, wie der grandiose Roman von *Daniel Glattauer* »Gut gegen Nordwind« zeigt. Zwei Menschen senden sich über lange Zeiträume hinweg E-Mails, ohne sich je gesehen zu haben. Sie wissen noch nicht einmal, ob die von ihnen gebrauchten Namen nur Pseudonyme oder echt sind. Wirklich Persönliches geben sie nur zögerlich preis. Daraus aber entsteht eine geradezu leidenschaftliche Beziehung. Aber die beiden sind sich mehr oder weniger darin einig, dass es das Ende ihrer Liebe wäre, wenn sie sich einmal wirklich persönlich treffen würden. Was sie schließlich tatsächlich auch unterlassen. Sie lieben lieber die Projektionen, die sie voneinander haben, als zur Realität vorzustoßen. Im Kopf sind die Dinge eben perfekter als in der Wirklichkeit.

Was heißt »Persönlichkeit«?

Was ist eigentlich das Persönliche? Der Begriff geht auf das lateinische »persona« beziehungsweise das griechische »prosopon« oder aber das etruskische »phersu« zurück und bedeutet »Maske«, »Rolle«. Es handelte sich dabei um die Maske in den antiken Theatern, durch die hindurch die Stimme des Schauspielers klang (»per-sonare«:

»hindurch klingen«). An ihr zeigte sich, wen der Spieler verkörpert. Die »Persona« also ist das, was sich von uns den Menschen zuwendet, es ist unsere Rolle. Sie beschreibt, wie wir uns äußern. Und genau in der Spannung zwischen der Rolle und dem Menschen dahinter steckt das Geheimnis, das das Persönliche ausmacht. Wer ist es, der hinter den vielen Rollen, die wir spielen, hervorklingt? Gibt es da überhaupt jemanden? Überhaupt einen Einzigen? Oder wie der Bestseller von *David Precht* sagt: »Wer bin ich, und wenn ja, wie viele?« Dass es da nur einen Einzigen gibt, eine Person, das ziehen wir heute immer mehr in Zweifel.

Noch *Boethius* hat die Person für die unteilbare (»in-dividuelle«) Substanz der vernünftigen Natur gehalten, also für das, was den Menschen als Individuum ausmacht. Das stand natürlich im Zusammenhang mit einem Weltbild, das einen persönlichen Gott annahm. Mit der Neuzeit löst sich der Personbegriff von den göttlichen Personen ab (so bei *Locke*, *Kant*, *Schiller* und *Humboldt*), bleibt aber als solcher noch erhalten. In der Philosophie des 20. Jahrhunderts schließlich hat er sich fast ganz aufgelöst. Spuren davon sehen wir höchstens im Existenzialismus, in dem der Person allerdings nur noch absurde Züge (so bei *Camus*) zukommen.

Momentan treten die Neurowissenschaften ihren Siegeszug an. Sie erklären die Person natürlich, ohne eine geistig-seelische Personalität anzunehmen, einfach als biochemische Vorgänge im Gehirn.

Die neuere Theologie, durch die philosophische Auflösung des Personenbegriffs herausgefordert, sieht die Person wesentlich in der Relationalität. Indem sich also der Mensch der Welt und den anderen zuwendet in seinen je eigenen Rollen, klingt gerade im Wechsel dieser Rollen das letztlich nie fassbare Geheimnis dessen durch, das jeden von uns im Innersten ausmacht. Oder, wie *Martin Buber* sagt: »Das Ich wird am Du«.

Die Welt im Wandel

Wie ist die Zukunft von Kirche, Gesellschaft und Welt? Die Welt wird unübersichtlicher. Die großen Faktoren der Veränderungen, die vor uns stehen, sind: Globalisierung, Klimawandel, demografischer Wandel. Und: die digitale Revolution ist in vollem Gange. Die Dinge verändern sich in einem atemberaubenden Tempo, sodass es kaum möglich scheint, heute wirklich zu sagen, was morgen sein wird. Können wir in all dem Wandel vielleicht nur dann bestehen, wenn wir unser Ich aufgeben? Kämen wir nicht unter die Räder, wenn es da tatsächlich etwas gäbe, das gleichbleibt und unverwechselbar ist? Ich glaube, wir haben Angst, dass wir dabei die notwendige Anpassungsfähigkeit verlieren.

Fakt ist allerdings, dass uns Persönlichkeiten guttun. Menschen, aus denen etwas Unbedingtes hervorleuchtet, die so sind, wie sie sind, egal, was um sie herum geschieht. Wenn wir solchen Menschen begegnen, dann lachen wir, dann freuen wir uns, sie zu sehen. Oder wir stoßen uns an ihnen, reiben uns, respektieren sie aber. Wie kommt es eigentlich, dass junge Eltern, wie ich es oft erlebe, schon bei ihren Babys danach Ausschau halten, was wohl die unverwechselbare »Persönlichkeit« dieses Winzlings ist?

Dass wir uns im Zug der Globalisierung mehr und mehr vernetzen, vernetzen müssen, ist klar. Aber: Ein Netz braucht auch Knoten, sonst ist es kein Netz! Sonst lösen wir uns auf, so wie man sich bisweilen bewusstlos aufzulösen droht, wenn man durchs weltweite Netz surft. Die Welt wandelt sich, das ist offenkundig. Umso wichtiger ist es, dass es dabei etwas gibt, woran wir uns festmachen können, auch in uns selbst.

Der rote Faden der christlichen Tradition

Für die christlichen Kirchen ist der Begriff der Person die rote Linie. Er hat seit biblischer Zeit und der Entstehung der ersten christlichen Theologien eine Schlüsselfunktion. Wir dürfen Gott Vater nennen und zu ihm sprechen wie zu einer Person. Der Personenbegriff markiert die Unterschiede innerhalb Gottes (ein Gott in drei Personen) und die Identität innerhalb Christi (zwei Naturen, die göttliche und die menschliche, in einer Person). So kann er auch heute sowohl die Vielfalt der Möglichkeiten, uns anderen zuzuwenden und uns auf unterschiedliche

Situationen einzustellen, markieren als auch die genau darin bleibende Identität unseres unverwechselbaren Selbst, das uns – nach unserem Glauben – letztlich von Gott geschenkt wird.

Ja, dieser Personenbegriff kann uns auch den Stress nehmen, den wir heute mit dem Persönlichen verbinden. Es ist ja gar nicht meine Leistung, Person zu sein, sondern Geschenk, das durch mich hindurch klingt. Das vergessen wir manchmal, wenn wir uns – besonders in religiösen Kreisen – in der Persönlichkeitsentwicklung abmühen. Persönlichkeit ist das Unverwechselbare, das vom Unverwechselbaren kommt.

Gerade weil aber die Person und die Persönlichkeit in ihrer Ausdrucksbereitschaft heute gefährdet sind, muss es die Aufgabe der Kirchen sein, nun ihr Proprium noch deutlicher als Angebot zu formulieren. Völlig unglaubwürdig ist es dabei, wenn sie in ihren eigenen Reihen gleichgeschaltete Menschen heranziehen möchte und Angst hat vor Persönlichkeiten. Die Welt braucht jetzt Persönlichkeiten in der Kirche, mehr als zuvor. Was suchen denn die Menschen in der Pastoral? Meine Erfahrung ist: Beziehung und Menschen, die sie in Beziehung bringen können mit sich selbst. Welche Gemeinden funktionieren denn hauptsächlich noch? Die Personalgemeinden! So darf und muss sich Kirche heute auch wieder mehr äußern. Wir dürfen uns nicht zurückziehen, sondern müssen durch uns hindurch klingen lassen, was wir von Gott hören, selbst wenn es einmal dissonant sein sollte.

Persönlich – ein Wort, das Zukunft schenkt

Die Generation um Pater Anselm hat das Verdienst, die Psychologie und die Sorge um die Persönlichkeitsentwicklung für Kirche und Spiritualität hoffähig gemacht zu haben. Von der Kirche wurde dieser Impuls langsam und letztlich dankbar aufgenommen. Zur gleichen Zeit aber hat in unserer Gesellschaft die Psychologie die Religion in weiten Teilen ersetzt, die Sofas haben die Beichtstühle abgelöst. Diese Entwicklung ist nicht gesund. Ich möchte hier aber in keiner Weise Wasser auf die Mühlen eines Authentizitätswahns gießen. Es muss nicht immer alles persönlich sein. Aber: Die nachfolgende Generation sieht sich einem extremen Anpassungsdruck ausgesetzt, wie der Psychologe *Wolfgang Schmidbauer* bemerkt. Das ist kein Wunder, denn sie hat nicht mehr eine aufsteigende Kurve vor sich, sondern den Verteilungskampf um sich herum.

Wird es aber gelingen, bei allem berechtigten Streben nach dem Erhalt des sozialen Status die Reifung der Persönlichkeit nicht zu vernachlässigen? Vielleicht wird sie gerade darin ihren Charakter zeigen und beweisen können, bei schwindenden Ressourcen glücklich zu werden und zu einem sinnerfüllten Leben zu kommen, selbst wenn kurzfristig betrachtet vielleicht der am meisten Angepasste den größten Teil des Erbes erhalten wird.

Schließlich: Person steht nicht nur für Persönlichkeit, Charakter, Unverwechselbarkeit und

Würde, sondern auch für Freiheit. Unser Rechtswesen, ja unser Rechtsstaat setzen immer noch für die Begründung von Rechten und Pflichten, auch von Schuldfähigkeit und Haftbarkeit den Begriff der Person voraus. Dass wir Personen sind, Persönlichkeiten, schließt ein, dass wir frei entscheiden können, dass wir selbstständig vermitteln können zwischen dem, was aus uns herauskommt, und dem, was auf uns einströmt. Die Art und Weise, wie wir uns dazu verhalten, ist immer noch unsere eigene Entscheidung. In diesem Zusammenhang dürfte die Kirche vermehrt für das Sakrament der Beichte werben.

Die Zukunft der Kirche und der Gesellschaft wird dann gelingen, wenn wir uns trauen, sie als entschiedene und verantwortungsbewusste Persönlichkeiten zu gestalten. Als Rückhalt dürfen wir dabei an einen Gott glauben, der sich uns persönlich offenbart hat, der einen Wohlklang und einen Wohlgeschmack auf dieser Erde hinterlassen hat, an dessen Verbreitung wir mitarbeiten können. Das ist der tiefste Grund für meine These »Die Zukunft wird persönlich sein«: Gott ist persönlich geworden.

Pater Meinrad Dufner OSB

Geboren 1946, trat er 1966 in die Benediktinerabtei Münsterschwarzach ein. Er studierte Philosophie in St. Ottilien und Theologie in Würzburg und Bonn. Er war als Internatserzieher, Leiter des Schultheaters und Kunsterzieher am Egbert-Gymnasium des Klosters Münsterschwarzach tätig. Danach war er Regens und Subprior des Studienseminars St. Benedikt in Würzburg und Novizenmeister der Abtei Münsterschwarzach.

Heute arbeitet er als Konzeptkünstler, unter anderem in der Goldschmiede und im FAIR-Handel der Abtei Münsterschwarzach sowie als spiritueller Begleiter im Recollectio-Haus. Als Kursleiter vermittelt Pater Meinrad in der »Benediktinischen Werkstatt« des Gästehauses der Abtei kreatives handwerkliches Arbeiten. Seine Werke waren und sind regelmäßig in Ausstellungen und Galerien in ganz Deutschland zu sehen.

Für den Benediktinerpater ist die Liturgie nicht die einzige Form intensivster Gotteserfahrung. Die Kirche muss sich seiner Ansicht nach heute viel entschiedener dem Menschen zuwenden, denn an jedem Ort lassen sich Menschen finden, die sich für Religiosität, Spiritualität, Gotteserfahrung und christliche Werte interessieren. Er möchte sich für eine Kirche einsetzen, in deren Zentrum der Mensch und nicht Formen stehen.

Kreativ – Vom Charme des Unvollkommenen

Der getötete Augenblick

Die Sätze, welche ich als Tangenten dem Symposium am 16. Januar 2010 beigefügt habe, sollen zu einem Büchlein schriftlich werden. Der Augenblick war aber so lebendig, so vital, so erfrischend, so nah. Ich mag weder Konservengläser noch Essen aus der Dose. Nicht nur, weil ich Redezettel vernichte – Papierschnipsel hebe ich sehr wohl auf, da man aus ihnen immer noch etwas machen kann –, also nicht nur, weil ich »Spickzettel« wegwerfe, kann ich das Damalige nicht »verbuchen«. Ich mag es, wenn Lebendiges in der Schwebe bleibt. Ich mag es, Fragen arbeiten zu lassen, und fliehe die zu fertigen Antworten.

Warum wollen so viele etwas zum Nachlesen, Drucken, Kopieren, Herunterladen, Abspeichern? Das Fotografieren ist wichtiger geworden, als Urlaub zu machen und zu erleben, vergesslich ins Unvergessliche einzutauchen. Medizinische, pflegerische Schritte dokumentieren darf mehr Zeit beanspruchen als das Arztgespräch oder die Zuwendung. Die Buchhaltungen in den Betrieben wähnen sich wichtiger als die Produktion. Der Augenblick wird schal, wenn er verlängert wird.

Wahrheit aus Feldwegen

Natürlich assoziiere ich *Heideggers* Titel »Feldwege«. Feldwege sind jedes Mal von Wetter und Jahreszeit zu anderem geworden. Sie bleiben nicht stehen. Sie sind nicht zu Ende befestigt, ihr Lauf ist im Fluss des Lebendigen und diesem ausgeliefert. Diese Auslieferung beschenkt ständig mit dem Charme des Lebendigen. Das Wort »Charme« steht in der Nähe des griechischen »Charis«, und das heißt Gnade, Gabe, Anmut, die anmuten will. Solches berührt aber nur den Schutzlosen und Berührbaren, den Verletzlichen.

Das Unvollkommene begrüßen ist im künstlerischen Prozess, aber ich meine auch im Leben selbst die Weise, wie Neues sich formen kann. Wer nur vollkommene Bilder malen wollte, wird bald keine mehr malen. *Picasso* meint: »Gäbe es nur eine Wahrheit, könnte man nicht hundert Bilder zum gleichen Thema malen.«[2] Gäbe es nur eine Ansicht, eine Deutung, eine Richtigkeit, dann – ja dann ... Ich lebe nicht im Land dieser Alleswisser. Ich befrage die alten Feldwege, die Möbel und Werkzeuge, die schon etwas erlebt haben. Ein getragenes Kleid, ein vielfach bewohntes Haus, eine von der Zeit geformte Kirche, solche Freunde habe ich.

Deshalb ist im künstlerischen Prozess das Erleben der jeweiligen Jetztigkeit der besondere Aufenthaltsort meiner Seele. Etwas davon weiß hoffentlich das Endergebnis, aber meistens ist es auch sein Geheimnis.

Wieder rufe ich *Picasso* auf, der feststellt: »Ein Bild ist nicht von vornherein fertig ausgedacht und festgelegt. Während man daran arbeitet, verändert es sich im gleichen Maße wie die Gedanken. Und wenn es fertig ist, verändert es sich immer weiter, entsprechend der jeweiligen Gemütsverfassung desjenigen, der es gerade betrachtet. Ein Bild lebt sein eigenes Leben wie ein lebendiges Geschöpf, und es unterliegt den gleichen Veränderungen, denen wir im alltäglichen Leben unterworfen sind. Das ist ganz natürlich, da das Bild nur Leben hat durch den Menschen, der es betrachtet.«[3]

Das Symposium war die Begegnung der damals Anwesenden – entschuldigen Sie, dass ich es nicht rekonstruieren kann. Der Mut zum Unikat ist näher am Leben als die Vervielfältigung. Das Wort ist durch *Gutenbergs* Erfindung nicht nur verbreitet worden, es wurde auch ausgeschüttet. Mit den Bildern geschieht in der Vervielfältigung Ähnliches. Und das führt mich zum Vorbehalt gegen die digital-mediale Welt. Ich habe etwas gerne in der Hand. Ich liebe den Geruch von etwas und jemandem. Ich will befühlen, in die Hand nehmen.

Das Leben begreifen

Künstlersein hat wenig zu tun mit Weltverschönern. Die ist, wie sie ist, schön genug. Künstlersein ist für mich eine Art zu philosophieren, zu theologisieren, zu einer Weltdeutung zu kommen, die ich aus dem Begreifen finde. Das Buch der Bibel ist eine Quelle, das Buch alles Vorhandenen ist keine geringere Quelle. Ich blättere in beiden »Büchern«. Die Wahrheiten oder die Formen oder die Ausschnitte oder die Worte schreiben, beschreiben, zeichnen, gestalten; Farbe und Meißel und Säge und Feuer: Mit allem gehe ich daran, und es erzählt unter der Tortur des Arbeitens, unter der Zärtlichkeit des Hantierens seine Wahrheiten. Wahrheiten vom Leben.

Und, so *Picasso*: »Gott ist ja auch nichts anderes als ein Künstler. Er erfand die Giraffe, den Elefanten und die Katze. Genaugenommen hat er keinen Stil. Er versucht immer neue Dinge.«[4]

In meinem Atelier steht eine Figur aus Zedernholz. *Huarto Valez*, ein Schnitzer aus dem Amazonas-Urwald, hat sie gearbeitet. *Valez* zeigt einen nackten Mann, der gerade auf eine Schlange tritt und sie im gleichen Moment am Kopf packt. Diese hochsensible Figur ist der Künstler. Ohne Schutz seiner Kleidung, ohne Abzeichen seines Standes: nackt geht er berührbar, verwundbar durch die Zeit, bereit, jederzeit zuzupacken, am Schopfe zu fassen. Was er aber fasst, sind Ausschnitte. Das Ganze ist nicht zu fassen.

Immer wenn in der Kunstgeschichte das »Gesamtkunstwerk« versucht wurde, war die Zeit auch schon am Zenit angelangt. Die Ideologie hatte wieder einmal das Lebendige getötet. *Rilke* spricht einmal davon, dass ein Kunstwerk im »Besonderen« besteht, gemeint ist: im Abgesonderten. Stellen Sie einmal eine einfache Teekanne auf einen Sockel. Sie werden sofort bemerken, wie schön sie ist. Gleiches können Sie mit einem alten Schuh tun, auch er wird vom Geheimnis des Besonderen erfasst.

Künstler stellen Ausschnitte heraus. In der Betrachtung des Ausschnitts zeigt sich etwas vom Ganzen, was das Ganze sonst immer verdeckt. Dieser Ausschnitt ist aber stets ein Torso. Torso ist mir so lieb, weil er mehr Wahrheit weiß als das zu Ende Behauptete. *Rilke* brachte es im Gedicht auf den Punkt: Aus dem Unvollendeten durchschaut einen das Ganze. Wohl dem, der so sehen gelernt hat.

Das wäre Kontemplation: Augen haben, die durchschauen in das Mysterium des Ganzen, im Stück wahrnehmen, was als Ganzes uns nur in den Stücken begegnet. Jetzt bin ich wieder beim Augenblick, beim unmittelbar Lebendigen, im Hier, im Jetzt. Lernten wir also, sogar uns selbst als diese Torsi zu lieben, zu würdigen – wir wären sogar mit uns selbst mehr angekommen, aber immer nur im Fluss, im Teil, auf dem Feldweg.

Ach, ich schließe jetzt. Am liebsten mit einer kleinen Geschichte, wieder mit *Picasso*: »Eines Tages nehme ich einen Fahrradsattel und eine Lenkstange, setze sie aufeinander – ich mache einen Stierkopf. Sehr gut. Was ich aber sofort danach hätte tun sollen: den Stierkopf wegwerfen. Ihn auf die Straße, in den Rinnstein, irgendwohin werfen, aber wegwerfen. Dann käme ein Arbeiter vorbei, läse ihn auf und fände, dass man aus diesem Stierkopf vielleicht einen Fahrradsattel und eine Lenkstange machen könnte. Und er tut es ... Wundervoll wäre das.«[5]

Anmerkungen

[1] Doris Kellerhals, Heilende Gemeinschaft in der Postmoderne unter besonderer Berücksichtigung der Benediktusregel, Basel 2008.

[2] Helene Parmelin, Picasso dit ..., Paris 1966.

[3] Ebd.

[4] Emanuel Eckardt, Picasso – Der Mann, den die Frauen liebten, STERN, Hamburg 22.10.1981.

[5] Helene Parmelin, Picasso dit ..., Paris 1966.

Die Lebenskunst der Klöster

Münsterschwarzacher Kleinschriften

60	Anselm Grün, **Gebet als Begegnung**	1990/2001
61	Basilius Doppelfeld, **Mission als Austausch**	1990
62	Abeln/Kner, **Kein Weg im Leben ist vergebens**	1990/2003
63	R. Faricy/R. J. Wicks, **Jesus betrachten**	1990
64	Anselm Grün, **Eucharistie und Selbstwerdung**	1990/2002
65	Basilius Doppelfeld, **Ein Gott aller Menschen**	1991
67	A. Grün, **Geistl. Begleitung bei den Wüstenvätern**	1992/2002
68	Anselm Grün, **Tiefenpsycholog. Schriftauslegung**	1992/2002
71	Anselm Grün, **Bilder von Verwandlung**	1993/2001
73	Wunibald Müller, **Meine Seele weint**	1993/2001
75	Herbert Alphonso, **Die Persönliche Berufung**	1993/2002
76	Anselm Grün/Gerhard Riedl, **Mystik und Eros**	1993/2001
77	Gabriele Ziegler, **Der Weg zur Lebendigkeit**	1993
79	Fidelis Ruppert, **Der Abt als Mensch**	1993
80	Boniface Tiguila, **Afrikanische Weisheit**	1993
81	Anselm Grün, **Biblische Bilder von Erlösung**	1993/2001
82	A. Grün/M. Dufner, **Spiritualität von unten**	1994/2002
84	Mauritius Wilde, **Ich versteh' dich nicht!**	1994/2004
85	R. Abeln/A. Kner, **Das Kreuz mit dem Kreuz**	1994
86	Fidelis Ruppert, **Mein Geliebter, die riesigen Berge**	1995
87	Basilius Doppelfeld, **Zeugnis und Dialog**	1995
90	Fidelis Ruppert, **Intimität mit Gott**	1995/2002
92	Anselm Grün, **Leben aus dem Tod**	1995/2001
93	Anselm Grün, **Treue auf dem Weg**	1995
94	Edgar Friedmann, **Ordensleben**	1995
95	Hermann M. Stenger, **Gestaltete Zeit**	1996
96	Basilius Doppelfeld, **Bleiben**	1996
97	Christian Schütz, **Mit den Sinnen glauben**	1996
98	Karin Johne, **Wortgebet und Schweigegebet**	1996
99	Anselm Grün, **Das Kreuz**	1996/2005
100	A. Grün/A. Seuferling, **Schöpfungsspiritualität**	1996/2002
101	Basilius Doppelfeld, **Lassen**	1996
102	Anselm Grün, **Wege zur Freiheit**	1996/2003
103	G. Kreppold, **Krisen – Wendezeiten im Leben**	1997/2001
104	Irmgard und Peter Abel, **Familienleben**	1997/2002

106 Anselm Grün, **Exerzitien für den Alltag** 1997/2001
107 Karl-Friedrich Wiggermann, **Das geistliche Wort** 1997
108 F. Ruppert/A. Stüfe, **Der Abt als Arzt ...** 1997
109 H. Nouwen, **Unser Heiliges Zentrum finden** 1998/2003
110 Georg Braulik, **Zivilisation der Liebe** 1998
111 Wunibald Müller, **Wenn du ein Herz hast ...** 1998
112 G. Kreppold, **Selbstverwirkl. oder Selbstverleugnung?** 1998
113 Basilius Doppelfeld, **Erinnern** 1998
114 Anselm Grün, **Zerrissenheit** 1998/2001
115 K.-F. Wiggermann, **Spiritualität und Melancholie** 1998
116 Reinhard Körner, **Was ist Inneres Beten?** 1999/2002
117 Christa Carina Kokol, **Wie bist du, Gott?** 1999
118 Gabriele Ziegler, **Sich selbst wahrnehmen ...** 1999
120 Anselm Grün, **Vergib dir selbst** 1999/2001
121 D. Koller, **Trinitarisch glauben, beten, denken** 1999
122 G. Kreppold, **Träume – Hoffnung für das Leben** 1999/2001
124 Basilius Doppelfeld, **Loslassen und neu anfangen** 2000/2002
127 Wunibald Müller, **Dein Herz lebe auf** 2000/2002
128 Anselm Grün, **Entdecke das Heilige in Dir** 2001
129 Guido Kreppold, **Esoterik** 2001
130 Mauritius Wilde, **Der spirituelle Weg** 2001
131 Johanna Domek, **Das Leben wieder spüren** 2001/2006
132 Alfred Läpple, **Der überraschende Gott** 2002
134 Klaus-Stefan Krieger, **Gewalt in der Bibel** 2002
135 Hubert Luthe/Máire Hickey, **Selig bist du** 2002
136 Meinrad Dufner, **Schöpferisch sein** 2002
137 B. Ulsamer/M. Hell, **Wie hilft Familien-Stellen?** 2003
138 Lothar Kuld, **Compassion – Raus aus der Ego-Falle** 2003
139 Peter Abel, **Neuanfang in der Lebensmitte** 2003
140 Wunibald Müller, **Dein Weg aus der Angst** 2003
141 Klaus-Stefan Krieger, **Was sagte Jesus wirklich?** 2003
142 A. Grün/R. Robben, **Gescheitert? – Deine Chance!** 2003
143 Meinrad Dufner, **Rollenwechsel** 2004
144 Bertold Ulsamer, **Zum Helfen geboren** 2004
145 A. Grün/W. Müller, **Was macht Menschen krank ...?** 2004
146 Peter Modler, **Lebenskraft Tradition** 2004
147 Gruber/Steins, **Mit Gott fangen die Schwierigkeiten ...** 2005
148 Guido Kreppold, **Die Kraft des Mysteriums** 2005

149	Peter Modler, **Gottes Rosen**		2005
150	Jonathan Düring, **Der Gewalt begegnen**		2005
151	Wunibald Müller, **Allein – aber nicht einsam**		2005
152	B. Ulsamer, **Lebenswunden – Hilfe zur Traumabewältigg.**		2006
153	Olav Hanssen, **Dein Wille geschehe**		2006
154	Reinhard Körner, **Dunkle Nacht**		2006
155	Jonathan Düring, **Wild und fromm**		2006
156	Guido Kreppold, **Dogmen verstehen**		2006
157	Peter Abel, **Gemeinde im Aufbruch**		2006
158	Michael Plattig, **Prüft alles, behaltet das Gute!**		2006
159	Paulus Terwitte/Peter Birkhofer, **Ich bin gerufen**		2007
160	Wunibald Müller, **Atme auf in Gottes Nähe**		2007
161	Anselm Grün, **Alles ist mir Himmel**		2007
162	Meinrad Dufner, **Kirchen verstehen**		2007
163	Jochen Sautermeister, **Glück und Sinn**		2007
164	Johannes Füllenbach, **Dein Reich komme**		2007
165	Wunibald Müller, **Atme in mir**		2008
166	I. Kirsner/T. Böhm, **Wo finden wir die blaue Fee?**		2008
167	Michael Plattig, **Ich wähle alles!**		2008
168	Katharina Schridde, **Den mütterlichen Gott suchen**		2008
169	Christoph Gerhard, **Astronomie und Spiritualität**		2008
170	Meinrad Dufner, **Seele ist Körper**		2009
171	Anselm Grün, **Lebensträume**		2009
172	Benedikt Müntnich, **Über Benedikt**		2009
173	Sabine Demel, **Spiritualität des Kirchenrechts**		2009
174	Astrid H. Küpper, **Erwecke den Clown in dir**		2010
175	Guido Kreppold, **Nachfolge**		2010
176	Placidus Berger, **Ars Moriendi**		2010
177	Mauritius Wilde, **Inspiration für Kirche und Welt**		2010